创造学生高度参与的课堂

主　编◎魏付坤

天津出版传媒集团

天津教育出版社
TIANJIN EDUCATION PRESS

图书在版编目（CIP）数据

创造学生高度参与的课堂／魏付坤主编. -- 天津：
天津教育出版社，2024.1
ISBN 978-7-5309-9049-0

Ⅰ.①创… Ⅱ.①魏… Ⅲ.①课堂教学—教学研究—
中小学 Ⅳ.①G632.421

中国国家版本馆 CIP 数据核字（2023）第 254867 号

创造学生高度参与的课堂
CHUANGZAO XUESHENG GAODUCANYU DE KETANG

出 版 人	黄　沛
主　　编	魏付坤
选题策划	吕　燚
责任编辑	张　颖
装帧设计	郝亚娟

出版发行	天津出版传媒集团 天津教育出版社 天津市和平区西康路 35 号　邮政编码　300051 http://www.tjeph.com.cn
经　　销	新华书店
印　　刷	天津融正印刷有限公司
版　　次	2024 年 1 月第 1 版
印　　次	2024 年 1 月第 1 次印刷
规　　格	16 开（710 毫米×960 毫米）
字　　数	200 千字
印　　张	12
定　　价	46.00 元

前 言

　　教育的本质重在参与，课堂参与是学生学习的重要形式，也是指向学生核心素养的课堂教学的核心。现代教育中，评价一节课教学成功与否的指标之一就是学生参与的程度。可以说，没有学生的课堂不能称之为课堂。为此，2022 版新课程标准明确提出开展自主学习、合作学习、探究性学习的要求，以提升学生参与课堂教学的积极性。

　　究竟如何让学生积极主动地参与课堂教学呢？美国教育专家马扎诺（Robert J. Marzano）告诉我们，"学生参与并不是偶然的，而是教师精心计划和实施具体策略的结果"。因此，要让学生积极参与课堂教学，教师就要创造学生高度参与的课堂。

　　教师究竟应该如何打造学生高度参与的课堂呢？针对这个问题，我们组织专家和一线教师展开讨论，并在讨论的基础上编写了本书，包含 7 个专题、22 个主题，采用理论和案例相结合的方式，从不同角度介绍了如何创造学生高度参与的课堂。

　　专题一：坚持创意教学。学生高度参与的课堂，一定是极具吸引力的、能激起学生学习兴趣的课堂。为此，本专题围绕"创意教学"，指出教师要点燃自己的激情，设计更高层次的目标，打破常规实施教学，方能用创意教学点燃学生的激情，用更高层次的目标唤起学生的内驱力，将学生吸引到课堂教学中。

　　专题二：让学生成为课堂的中心。核心素养下的教育，其目的是培养学生的能力和素质，因此课堂教学不仅要让学生掌握知识和技能，更要使其成为独立、自主、创造性的人。本专题紧扣"参与"，提出要建构学生高度参与的课堂，就要凸显学生的主体地位，充分了解学生，让学生参与教学设计，唤醒学生的学习情绪，关注学生的情感，使之成为课堂的中心，开展自主学习、体验式学习。

　　专题三：将学习任务多样化。本专题紧扣学生高度参与的课堂，提出通过多样化的学习任务，激发学生的学习兴趣，唤起其强烈的学习意愿，使其获得良好的学习体验，从而促成核心素养的培养目标落地；并指出要达到这样的目标，教师就要注意学习任务的生活化和趣味化，设计自主性和实践性的任务，基于项目开展项目化学习。

专题四：提升学生专注力。要创造学生高度参与的课堂，就要使学生具有极高的专注力。因此本专题紧扣"专注力"，分别从三个方面介绍了提升学生专注力的方法，即巧用"钥匙"，激发兴趣；设计激发情绪的活动，唤起学生的学习热情；创造意外的惊喜，给学生新的感受，使之体验学习的幸福。

专题五：发挥场域的力量。场域不仅仅是教学的物理环境，更是学生共同互动和学习的心理空间。本专题从场域的力量入手，提出要创造竞争场域，构建诊断式学习场域和问题场域，创造一个充满活力和互动性的学习环境，激发学生的好奇心、思考能力和创造力，引导学生积极参与课堂讨论和活动，激发学生学习热情，使之体验到学习的乐趣和成就感，提升其在课堂教学中的参与度，让课堂成为学生探索、创造和成长的沃土。

专题六：唤醒学生的情绪。情绪在学习中发挥着重要的作用，当学生的情绪被唤起并与学习内容产生共鸣时，他们更容易集中注意力、保持积极态度，并更愿意主动参与探究和表达。本专题从有效地唤醒学生情绪的角度，提出创造学生高度参与课堂的方法，即用情绪感染情绪，保持活跃的节奏，让学生获得成就感。

专题七：创造与众不同的学习体验。面对繁杂的学科知识，如何引导学生参与课堂教学？本专题从学生的学习体验入手，指出要创造学生高度参与的课堂，就要和学生一起沉浸其中，关注学生的情感需求，将课堂游戏化，以此让学习变得更加有趣、有意义和有价值，从而吸引学生的注意力。

总之，要创造学生高度参与的课堂，就需要教师开动脑筋，提升专业素养，坚持全面育人的原则，坚持学生的主体地位，不断学习相关的理论知识，不断学习前行者的经验，在理论与实践相结合的过程中创新教学策略，进而师生共绘课堂教学新画面。

目 录

专题一　坚持创意教学

学生高度参与的课堂，一定是极具吸引力的、能激起学生学习兴趣的课堂。为此，教师首先就要坚持创意教学，创新教学设计。这就要求教师立足以学生为主体的教学理念，能依据学科性质、学生特点，用创造性思维的相关原理设计教学活动，用打破常规的教学方式点燃学生的激情，用更高层次的目标唤起学生的内驱力。

专题二　让学生成为课堂的中心

核心素养下的教育，其目的是培养学生的能力和素质，因此课堂教学不仅要让学生掌握知识和技能，更要使其成为独立、自主、创造性的人。为此，要建构学生高度参与的课堂，就要凸显学生的主体地位，带动学生积极的学习情绪，关注学生的情感，使之成为课堂的中心。

专题三　将学习任务多样化

要创设学生高度参与的课堂，还要注意通过多样化的学习任务，激发学生的学习兴趣，唤起其强烈的学习意愿，使其获得良好的学习体验，从而促成核心素养培养目标的落地。为此，教师要注意学习任务的生活化和趣味化，设计自主性和实践性的任务，基于项目开展项目化学习。

专题四　提升学生专注力

专注力体现了一个人对一件事专心及投入的程度。于学生而言，专注力是学习的窗口，体现了学生对学习的投入程度。因此对学生来说，是否拥有专注力影响其学习的效果。要创造学生高度参与的课堂，就要灵活运用多种方法，提升学生专注力。

专题五　发挥场域的力量

　　场域不仅仅是教学的物理环境，更是学生共同互动和学习的心理空间。从学生的角度出发，我们要创造一个充满活力和互动性的学习环境，激发学生的好奇心、思维能力和创造能力，引导学生积极地参与课堂讨论和活动，体验到学习的乐趣和成就感，让课堂成为学生探索、创造和成长的沃土。

专题六　唤醒学生的情绪

　　唤醒学生的情绪是一种关乎学生情感参与的重要教学策略。有效地唤醒学生的情绪，通过关注学生的情感需求，运用情感激励和创造情感联结，打造一个充满情感共鸣和深度学习的课堂环境，可以激发学生的内在动机和学习热情，提高他们的学习效果和参与度，创造学生高度参与的学习课堂。

专题七　创造与众不同的学习体验

创造与众不同的学习体验就是通过创新的教学手段和方法，助力学习变得更加有趣、有意义和有价值。这样的学习体验往往能够吸引学生的注意力，帮助他们主动参与课堂教学，而不再是被动地接受知识的灌输。丰富多样的学习体验可以培养学生的创造力、批判思维和协作能力，使他们在面对未来挑战时能够更加自信和有能力应对。

后　记 / 182

专题一
坚持创意教学

学生高度参与的课堂，一定是极具吸引力的、能激起学生学习兴趣的课堂。为此，教师首先就要坚持创意教学，创新教学设计。这就要求教师立足以学生为主体的教学理念，能依据学科性质、学生特点，用创造性思维的相关原理设计教学活动，用打破常规的教学方式点燃学生的激情，用更高层次的目标唤起学生的内驱力。

主题 1

点燃你的激情

　　教师的态度对学生的学习有非常重要的影响。如果教师的态度过于消极或过于严肃，在很大程度上会影响学生的注意力，影响其情感。因此，想让学生充满激情，首先教师就要充满激情；想让学生富有创造力，教师就要做一个有创造力的人。要创造学生高度参与的课堂，教师要用热情与创造力，点燃学生的激情。

一、教师的激情的表现及作用

　　激情，即强烈而难以抑制的感情。教师的激情即教师在组织教学过程中举手投足间所释放出来的能触动人心、扣人心弦的情绪。这种激情是一种能触动人心的感情，是教师内心感情的释放，是教师饱满精神的体现。

1. 表现

　　心理学研究表明，作为一种强烈的、爆发性的、短暂的情绪状态，激情具有积极和消极两方面的作用。就积极方面而言，它能激励个体发展，是个体发展的强大的内在动力。由此角度来看，教师的激情同样有着积极的表现。

　　作为教师的一种人格特征，教师的激情有一系列的体现。就教师自身而言，它表现为高度热爱自己的工作，具备精深的专业知识、提高学生学业造诣的能力及实践智慧，乐观地面对困境及不利情况；对学生方面而言，它表现为关注所有学生是否幸福及成绩是否理想，对每个学生都充满希望，相信他们均能通过努力获得充分的发展，真诚而公平地对待每一个学生，采取负责的以人为本的教学内容、方法与评价，课堂中积极启发、引导和互动等。总之，教师激情的情绪状态是人格特征的具体体现，激情的人格特征促进激情的情绪体验。

2. 作用

　　作为一种积极的情绪状态，教师的激情在教育教学中，更多的是起到了发现、肯定、发扬的积极作用。一方面，教师的激情是教师专业发展的动力，可以促进教师勤学善思，构建和谐快乐的课堂气氛，开发潜在的隐性课程资源，从而达到提升教学效果的作用。另一方面，教师可以感染学生，激发学生的求知欲，集中学生的注意力，培养他们热爱知识的情感。

二、教师的激情对教学的影响

心理学家认为：在教育过程中，教师心理素质对学生心灵的影响是其他任何教育手段都无法代替的。一个教师只有具备了良好的心理素质，才能对教学的理论和实践进行大胆探索，才能具有克服困难和挫折的勇气和信心，才能在教学上取得较大的成就。因此在某种程度上，课堂教学效率的高低，与教师的激情有很大关系。也就是说教师的激情对课堂教学有着极其重要的影响。

1. 影响课堂上的引领效果

倘若教师在上课时非常有激情，那么学生的表现也会极富激情，行动迅速且思维敏捷；反之，倘若教师对教学缺乏激情，无精打采地上课，那么学生只会行为懒散，学习效率低下。因此，现代教学观在强调学生是学习主体的同时，也强调了教师在课堂教学中的引导作用，一旦缺少了教师的带动，那么学生的学习也很难提升到更高的境界。教师要发挥引领学生的作用，不但需要在组织课堂教学中运用有效、灵活的方法，同时还需要用激情感染学生，激活课堂气氛，提升学生的学习兴趣。

2. 弥补知识的不足

没有激情的课堂，激不起学生的兴趣，只能是死水一潭，毫无生机；没有激情的课堂，触动不了学生的思维，只能是白水一杯，无滋无味；没有激情的课堂，开发不了学生的潜能，只能像空转的马达，虚度了时光，浪费了能源，毫无功效。教师的激情是点燃学生热情的火炬，是激发学生情趣的酵母，是促进学生学习的动力，在一定程度上，可以弥补教师知识上的不足，进而产生创造力。

3. 促使教学相长

教师的激情对学生的影响至关重要。课堂教学中，教师的激情能激起学生的情感共鸣，使师生处于高度的兴奋状态，从而达到教学相长的目的。

首先，教师的激情能引起学生的情感共鸣。所谓情感共鸣，是指师生在教学艺术交流过程中，双方的情感高度一致，共处于兴奋激动的状态。苏联著名教育实践家苏霍姆林斯基曾说："教育过程表现在教育者与被教育者精神生活的一致性之中。"

其次，教师的激情能激发学生的学习兴趣。古语有云：亲其师而信其道，信其道而乐其学。学生的乐学在很大程度上是由教师的激情决定的。无论是新课伊始时教师充满激情的导入，还是授课过程中教师抑扬顿挫的语调、充满活力的语言及一些恰当的肢体语言均能传达出教师的激情，进而影响学生，激发学生对该学科的喜爱。可以说，正是教师在课堂教学中将自己最强烈的、最具有爆发力的情感释放出来，学生才能不由自主地将身心投入教师讲述的内容中去，在教师的激情浸润之下，提升自己的学习效果。

总之，教师的激情是教育事业的血脉，它可以激发学生的学习兴趣，可以让学生产生学习的动力，可以激发他们对生活的热爱，从而健全学生的人格，懂得做人之道。

三、如何用激情感染学生

课堂教学中，师生之间除了知识信息的传递外，情感的交流与互动也是很重要的一个方面。一堂高效率的课，是离不开教师的激情投入。即使一门枯燥的课程，只要教师用激情去演绎，一定会变得精彩生动。教师有了激情，学生就学得起劲儿，那么作为教师，在课堂上应怎样展示你的激情呢？

1. 发挥语言的魅力

在课堂教学中，教师的课堂语言直接决定着学生的学习激情。教学实践证明，教师情绪饱满、面带微笑、充满自信地进行教学，学生也会在学习中精神振奋、眼神专注。在课堂上，教师将甜美的笑容、热情的眼神传递给学生，与学生情绪互动，使学生也更加自信和乐观，进而情绪高涨，主动参与学习，课堂气氛也因此活跃起来，教学效果相应而生。因此，教师要用激情感染学生，首先就要发挥口头语言和肢体语言的魅力。

（1）用幽默的语言传达激情

一个富有激情的教师，其语言表达应是声情并茂、抑扬顿挫、富有哲理且幽默的。Jonas 在《笑与学》一书中提出，幽默可以使教学效率提高 40%、可以改变一个教室的文化、提高工作效率、减轻学生的压力、促进创造性思维的发展。为此，教师可以利用多种方式打造幽默的语言，传达激情，感染学生。

师：谁愿意回家背给哥哥听？（找一个学生到前面来）现在我当你哥哥，你该怎么说？

生：哥哥，我背首古诗给你听听好吗？

师：哪一首？（生答《草》）弟弟，这首诗我也学过，它是唐朝大诗人李白写的。

生：哥哥，你记错了，是白居易写的。

师：反正都有个"白"字。（众笑）我先背给你听听。离离原上草，一岁一枯荣。野火烧……不尽……哎，最后一句是什么？

生：春风吹又生。

师：还是弟弟的记性好，谢谢你。（众笑）谁愿意背给奶奶听？（指一生到前面）现在，我当你奶奶，你奶奶没学过这首诗，耳朵有点聋，请你注意。

生：奶奶，我背首古诗给您听听好吗？

师：好。背什么古诗？（生答背《草》）草？那么多花儿不写，为什么写草啊？

生：因为草有一种顽强的精神，野火把它的叶子烧死了，可是第二年春天，它又长出了新芽。

师：哦，我明白了。你背吧。（生背）"离离原上草"是什么意思？我怎么听不懂？

生：这句是说草原上的草长得很茂盛。

师：还有什么"一岁一窟窿"？（众笑）

生：不是！是"一岁一枯荣"。枯，就是叶子黄了，干枯了；荣，就是茂盛。

师：后面两句我听懂了。看俺孙女多有能耐！小小年纪就会背古诗。奶奶像你这么大的时候，哪有钱上学呀！（众笑）

上述案例中，教师不但用幽默的语言唤起学生学习古诗的激情，引导学生在背诵中理解，而且给学生以激励，使师生之间产生情感共鸣，打开学生的感情之门，充分参与教学活动，在获得积极的情感体验的同时，达到相应的学习目标。

教师在教学中，如何用幽默的语言感染学生，传达自己的教学激情，唤起学生的学习激情呢？比如用自嘲式幽默语言，消除师生之间的陌生感，拉近师生的距离，从而增加亲近感，使师生之间产生情感共鸣；创设有趣的课程标题，引用名人名言，营造幽默的课堂氛围，让学生在情境中回忆起所学内容，唤醒学生原有的知识记忆；根据不同学科领域和年级水平选择适当的电影片段或媒体资源，为教学语言提供幽默的多元资料，不仅可以让学生在笑声中得到放松，也能帮助学生对所学内容有更生动的体验和深刻的理解；抓住师生互动中随时发生的一些有趣而难忘的事情，或长期相处形成的一些惯例，使之成为师生之间幽默的符号，以此营造轻松的教学氛围，进而激发学生的学习热情。

总之，教师的教学语言如果充满激情、声音洪亮、妙语连珠，时而高亢起伏令人振奋，时而低沉令人伤感，偶尔加入一句令人忍俊不禁的话语或小故事，那么课堂气氛就会活跃起来，学生的学习激情自然也会被调动起来。

（2）借助肢体语言辅助表达激情

肢体语言是无声的语言，合理运用不但能吸引学生的注意力，还能加深学生的印象，激发学生的想象力。下面这个案例中，这位教师的肢体语言发挥了重要作用，他的激情感染了学生，带动了学生的学习热情。

某教师在讲"狼吞虎咽"一词时，有一些学生不懂，于是这位教师运用特级教师于永正讲解词语的方法，自己表演起来，把粉笔盒当碗、两支粉笔当筷子，"狼吞虎咽"了一番。学生见教师一副"饿极了"的样子和夸张的表演，都哈哈大笑起来。教师由此告诉学生，自己刚才的样子就是狼吞虎咽。

教师如何用肢体语言表达激情和感染学生呢？在实际教学过程中，教师可以经常扫视每一位学生，与学生进行心灵的交流；可以适当走下讲台，对个别昏昏欲睡或初入梦乡的学生进行提醒，提问催答，或以幽默语言引人发笑，活跃课堂气氛。不过要注意的是，当幽默语言引人发笑之时，师生要同乐，如此方能达到促进情感的作用。

总之，一个教师倘若能始终保持激情，那么就会成功地感染学生，调动学生的激情。为此，教师要对自己充满信心，让学生相信教师、信任教师，对其传授的知识高度认同，愿意跟从教师学习与成长。

2. 用教学调动激情

随着社会的发展，新事物不断增多，人的感官要求也越高，学生同样需要有新的感官刺激，从而保持振奋。因此，教师要不断创新，不断完善教学方法，使自己处在不断探索学习的过程中，让学生获得新的感受，从而为教学注入新的活力，使之焕发新的生命力，让激情在教学中得到更大的发挥。

某教师在教授三年级信息技术课"神奇的小画家"时是这样调动学生的学习热情的。

教师先让学生欣赏电影《狮子王》中百兽欢腾的一段动画片段，然后同学生进行交流。

师：同学们，森林里的动物马上就要开联欢会了，可是森林太大，需要提前到各处张贴海报才能召齐所有的动物来参加，现在想请你们帮忙设计这张海报。老师已经用"金山画王"设计了一张，请同学们欣赏一下（出示范例）。你们发现了哪些动物？

生：……

师：大家说得好极了，森林里的动物们都盼望着这次联欢会，你们想不想亲手为他们设计一张宣传海报呢？

生（齐）：想！

师：今天，我们就一起来学习用"金山画王"设计宣传海报。

学生的兴趣一下子就全被吸引和调动起来，课堂充满了快乐的气氛。

在这个案例中，这位教师基于对教学的激情，充分发挥自己的创造力和想象力，用信息技术手段设计海报，以此辅助教学，成功激发学生的学习热情。

某教师在教学"只有一个地球"时，在结束的时候说了这样一番话："同学们，地球只有一个，如果没有了地球，我们将无处栖身，那是多么凄惨的事情啊！我们现在居住的地球是那么美丽可爱，让我们一起来保护地球、保护地球的生态环境吧!"话音刚落,同学们就不住地点头,提出了很多保护地球、保护生态环境的措施。

在这一案例中,教师用富有感染力的语言,激发了学生的情感,提升了教育效果。除此之外,教师在教学过程中还要努力营造轻松、愉悦、生动有效的学习氛围,这对激发学生的学习激情也是十分必要的。为此,教师在平时要注意与学生保持亲密的友谊,从而利于课堂激情的延伸,让每一个学生都保持有热情,期待着下一节课,点燃求知的欲望,从而推动整个课堂教学的进程。

不同于直接的语言表达,教学中的激情表达和传递通常是间接的,教师可以采用多种教学策略和教学手段,将自己对教学的激情曲折地表达出来,以调动学生学习的激情。具体来说,可以从以下几个角度入手。

(1)创造积极的学习环境,让学生成为课堂的中心

首先,教师要注意建立良好的师生关系,带动学生积极的情绪。建立良好的师生关系是激发学生学习激情的前提。学生需要得到教师的尊重和关注,才会对学习产生兴趣和动力。教师需要关注学生的生活和学习情况,与他们建立起信任关系,从而培养学生的学习激情。

其次,教师要创造积极的学习环境,发挥场域的力量,这是激发学生学习激情的关键。学生需要一个舒适、安全、和谐的环境,才能充分发挥自己的潜能。教师可以通过合理的教室布置、丰富的教学资源、多样的教学活动等,为学生打造一个积极向上的学习环境。

(2)精心运用教学方法,设计有意义的学习内容

首先,教师可以在教学中灵活变化教学方式和策略,或为学生设计适当的挑战任务,或是借鉴游戏化的教学方法等,以此激起学生的学习兴趣,提升其学习的专注力,唤起其学习的内驱力,使之在学习中获得积极的学习体验。比如,设置一些有挑战性的学习目标,激发学生的好奇心和求知欲,让他们不断尝试、探索和创新。同时,教师也要给予适当的指导和支持,帮助学生克服困难和挫折,从而使学生不断提高自己的学习能力和自信心。再如,借鉴游戏化教学方法,通过设置学习目标、建立奖励机制、角色扮演等方式,增添学习的趣味性和挑战性,让学生在学习中享受到乐趣和成就感,从而激发其学习的激情,使之保持学习的兴趣和动力。

其次，教师设计有意义的学习内容，鼓励学生自主学习，使其在学习中获得真实的体验和收获。比如，将课程内容与实际生活联系起来，让学生感受到学习的实用性；让学生自主选择感兴趣的学习内容，自主安排学习时间、自主探索学习方法等，从而增加学生的主动性和参与度。

此外，在教学过程中，教师还可以通过情感化的语言、肯定的反馈、鼓励的姿态等方式，让学生感受到自己在学习中的重要性和价值，从而增强学生的学习动力和自信心，唤起学生积极的情感体验，这对于学生学习激情的形成和保持非常重要。

当然，教师个人激情的保持和学生激情的触发，都离不开教师的不断学习，只有乐学、好学，充分了解学生的心理，扩充知识面，提升思维的灵活性，创新教学设计，才能让每一节课都回味无穷、有所收获，进而实现课堂知识的生成、思维的拓展，创造学生高度参与的优质课堂。

主题 2

设计更高层次的目标

托尔斯泰说过："人活着要有生活的目标，一辈子的目标，一段时间的目标，一个阶段的目标，一年的目标，一个月的目标，一个星期的目标，一天一小时一分钟的目标。"坚持创意教学也是如此。不同于一般的教学，创意教学的前提就是要设计更高层次的目标，如此才能让学生产生更大的学习动力，创造学生高度参与的课堂，获得更高的教学效果。

一、明确目标特点

下面展示的是一节核心素养下物理课的教学目标。

创造学生高度参与的课堂

【学习目标】

1. 知道滑动摩擦力产生的条件，会判断滑动摩擦力的方向。

2. 知道滑动摩擦力的大小与哪些因素有关。

3. 会用滑动摩擦力的公式 $f=\mu N$ 进行计算，求解滑动摩擦力的大小。

【核心素养培养目标】

1. 培养学生利用物理语言分析、思考、描述滑动摩擦力的概念和规律的能力。

2. 培养学生的实验探究能力，使其学会在实验中控制变量和控制实验条件。

3. 通过自己动手实验，培养学生分析问题、解决问题的能力。

【物理观念目标】

1. 培养学生乐于探索自然现象和日常生活中物理学原理的兴趣，感受物理来源于生活，又服务于生活的道理。

2. 从探究中获得积极的情感体验，养成认真、严谨的科学态度和科学精神。

3. 能与同学互相协作、友好相处。

从案例的目标设计可以看出，这里的学习目标是指学生在教师的引导、支持下通过自己积极、主动、创造性地学习能够达成检测的目标，描述时所用的动词具有针对性和可操作性；这里的核心素养目标，突出了对学生思维和能力的培养，即学生能将学到的知识进行迁移和用以解决问题的能力，描述的动词体现了应用性；这里的物理观念目标，强调了知识的生活化和实用性，描述的动词强调了情感性。

总之，这样的教学目标，具体体现了"以学生的学习为本、以学生的发展为本"的新课堂教学设计理念，是更高层次的目标。由此可知，所谓更高层次的目标，即深度学习的目标。这样的目标不同于常规教学的浅层学习，具有自己的特点。

1. 体现实践性和应用性

创意教学要求学生的学习是发展思维能力的学习，是学生在学习过程中进行批判性理解、信息整合，完成知识建构和迁移的学习。其最终目标指向知识和技能的应用，要求学生在新情境下应用知识，体现了实践性和应用性的特点。

　　所谓实践性，即创意教学指向深度教学，是引导学生将所学的知识在实践中进行检验，让新旧知识发生联系，进而形成新的知识建构。所谓应用性，是指创意教学要求学生进行深度学习，并在此过程中将所学的知识用于特定的情境中进行检验，以此促进深入理解。在这样的实践和应用的过程中，学生经历解释、举例、分析、总结、表达、解决不同情境中的问题的过程，并在相应的学习活动中进一步理解知识，实现对知识的"举一反三"。

2. 强调主动性和综合性

　　创意教学中学生的学习，是主动掌握与其原有知识、经验密切相关的知识，在教师的引导下，积极主动地分析并理解学习内容，使之与自己原有的知识结构进行联系，进而创设新的知识结构。这一学习过程要求学生在分析的基础上，理解知识原理，找到知识原理形成的相关证据，进行批判性分析和思考，将原有的知识与新知识进行整合，最终形成自己的新的认知结构，促成对知识的迁移和应用。因此，这样的教学要求学生在深入思考的基础上主动学习和建构知识体系，体现了主动性和综合性的特点。

　　所谓主动性，是指教学的目的是引导学生基于满足自身发展的需要去学习，是为了保持个人竞争力，提升个人技能，以应对未来的挑战而学习，其学习行为是积极主动的，是指向终身发展的。

　　所谓综合性，是指创意教学引导学生进入深度学习状态，并在此过程中将原有的知识与新知识进行整合，形成新的认知结构，从而加深对新知识的理解，促成对知识的迁移和应用。

　　总之，在深度学习的过程中，学生经历了主动学习、主动参与、主动建构的学习过程。在这样的学习过程中，学生是学习的主体，乐于主动探究，并在解决复杂现实问题的过程中，将知识运用到实践中，形成自己的知识体系，使知识转化为智慧。

二、做好深度分析

　　创意教学的本质是深度教学，是引导学生进行深度学习的教学。这样的教学，不能仅追求形式上的创新，而是要在本质上体现深度学习的特性，促成学生的高效学习。因此，要创造这样的课堂，就要在设计更高层次目标前，做好深度分析。

创造学生高度参与的课堂

1. 深度分析课程标准

学科课程标准详细阐述了学科课程的性质与基本理念、学科核心素养与课程目标、课程实施建议等，是教材编写、学科教学和考试评价的依据，也是教师确定创意教学目标的准则。总的学科教学目标是教学的依据，不同学段的学科教学目标，是对总目标条目的分解、细化和具体化。所以，要实施创意教学，就要在确定更高层次的目标时，深度解读学科课程标准，以便从整体上把握学科学习的总体目标。在这一过程中，教师不能基于自身去思考"教什么""教到什么程度"，而是要基于学生的学习思考"学什么""学到什么程度"。这样一来，创意教学目标的确定才能从学生的角度出发，才能符合学生的成长需要，才更能体现核心素养的培养目标。

2. 深度分析教材内容

学科教材是展开学科教学的基本依据，是教师教学生学习学科知识、提升相应能力的媒介。换言之，学科教材仅是学科教与学的一种素材和资源，需要教师在执教前深入分析，把握学科本质。因此，教师在设计更高层次的目标前，要深度解读教材。

（1）了解教材的整体结构，厘清知识的前后联系

教材的设计不仅前后知识点相互联系，而且知识之间的联系也非常密切，借助于深度解读教材，教师可以明确"知识的类型""知识的水平""知识的意义"，并据此从知识维度对学习内容所对应的知识类型进行划分，对不同类型的知识应达到的学习水平层次进行分析，从学生未来发展的维度对学习内容的价值进行分析并做出取舍，从而为新知识找到迁移的落脚点、巩固的深化点，为后续内容的学习埋下伏笔。

某教师在针对"长方形与正方形"这一内容进行创意教学前，对教材进行了深度分析，确定了这部分内容在整个小学的图形与几何知识中占据较大的比重，并且也是小学几何知识中的重点内容，之后的三角形和平行四边形知识点的学习都需要以此为基础。于是这位教师认识到必须阅读整本教材才能够厘清其中的关系，必须思考和研读与知识讲解有关的内容，才能引导学生从概念入手来把握正方形和长方形的特性；在推导正方形和长方形的周长时，必须给予学生具体

的讲解，让学生从根本上理解周长公式的推导步骤，为今后的三角形和平行四边形学习打好基础。

（2）理解文本的编排意图，弄清文中相关资源的作用

教师在深度解析教材时，会从整体上认识教材的编排体系，明确各部分知识之间的相互关系，把握住每个部分的地位与作用，明确每一章节（单元）的编排意图，从而将其内化为自己的教学思想，外化为教学行为。比如，教师可以依据不同的教学情境，对教学资源进行创意开发和运用，让教学目标更明确，也让学生更加清楚自己的学习目的和方法。

3. 深度分析学生

要设计更高层次的目标，还要深度分析学生。教学如果不能立足于学生，那么就成了无源之水、无本之木，也就失去了落脚点。创意教学的目标确定，一定要最大限度地走入学生的真实世界。

表 1-1　"影响化学反应速率的因素"创意教学前学生认知水平分析

学生已有的认知能力水平	通过教学活动后学生要达到的认知能力水平
1. 学生在必修 2 中已经初步认识了化学反应速率的概念、表述方法和影响反应速率的因素。学生初步具备了从定性视角分析影响化学反应速率的水平（孤立水平，只能简单分析影响化学反应速率的原因）；学生在选修 4 绪言中了解了碰撞理论相关知识，具备了从微观视角分析影响化学反应速率的能力水平	1. 学生能从微观视角将浓度、温度、催化剂等反应条件对化学反应速率的影响程度进行系统分析（系统水平），能用实验手段测定反应速率，构建影响因素与反应速率之间的定量关系，形成思维模型，从宏观到微观、从定性到定量，丰富了学生的认识方式
2. 学生实验设计能力水平较低，不具备定量实验中的"控制变量法"设计对比实验的能力，对实验方案的选择和评价缺乏多角度的综合分析	2. 完成实验设计对比实验，提高对实验数据测定和处理的能力，形成系统思维能力，具备设计对比实验、调控化学反应速率的能力（掌握控制变量思维方法），能对实验方案进行科学合理的选择和评价，具备多角度的综合分析能力

学生已有的认知能力水平	通过教学活动后学生要达到的认知能力水平
3. 能初步运用化学视角去观察生活、生产和社会中有关化学反应速率的事物并进行简单的解释	3. 学生能从能量的视角通过定量的方式去观察生活、生产和社会中有关化学反应速率的事物并能进行科学解释，完善和发展认知能力。通过不同催化剂的催化效果差别，认识到催化剂对化学反应速率影响，明白其复杂性和未知性及其在工业生产中的作用，进一步感受到科学研究的艰辛

　　表1-1是某教师在进行高中化学选修4"影响化学反应速率的因素"创意教学前，对学生认知水平进行的深度分析，由此全面准确地了解学生的认知水平，为设计创意教学过程、确立学生学习的发展目标提供依据，进而为决定从哪里开始、用何种方式激活学生的先期知识、采用何种教学策略提供了科学的依据。经过深度分析后设计的创意教学，有利于学生在学习活动中见证自己的思维发展过程，使学生思维水平得到充分发展。

　　深度分析学生时，教师可以从三个方面入手：一是分析学生的前理解，即分析学生的知识水平、学习能力、活动经验等，进而确定学生学习的关键点和困难处；二是分析学生的内源性，即分析学生的学习兴趣、学习态度、学习习惯等，进而确定学生学习兴趣的引发处、情感的共鸣处与思维的迸发处；三是分析学生的趋向性，即分析学生可能发生的状况与可能的发展，进而确定学生认知发展的层次序列。

　　某化学教师在教学沪教版九年级化学第六章第一节"物质在水中的分散"时，安排了下面的教学环节。

　　师：（PPT出示下列物质）请同学们说出哪些属于溶液，并说明理由。

　　①盐水；②糖水；③泥水；④油水；⑤矿泉水；⑥冰水；⑦碘酒；⑧石灰水；⑨蒸馏水；⑩牛奶。

　　其中，属于溶液的有：_____；理由是：_____。

案例中的这个教学环节，正是基于教师在深度分析学生认知能力水平时，了解到某些学生对溶液概念还有所混淆而设计的。这样的设计，可以让学生通过近距离观察，真切地认识溶液。

三、科学陈述与调整

在深度分析课程、教材、学生的基础上，还要对更高层次的目标进行科学表述和调整，以便让创意教学更具针对性，从而激发学生的内驱力，创造学生高度参与的课堂。

对于课堂教学目标的主体、目标的客体、目标的落实程度等已经有了初步的认识后，还需要将这些粗浅的、分散的教学目标科学地整合到一起，用恰当的方式表达出来，并逐步调整，才能使确定的目标有效地引导学生深度学习。

1. 初步建构教学目标

在三个不同角度的深度分析后，教师就可以初步建构创意教学的教学目标了。需要注意的是，目标的建构要围绕学科核心素养的培养，要体现对学生知识建构和学科能力的培养。不同的学科，在建构教学目标时要注意学科特点。

一般来说，在初步建构教学目标时，不妨从以下几个方面考虑：一是要基于学生的特点，即学生的语言背景、文化背景、学习兴趣、学习能力等方面的特点，制定出有针对性的学习目标；二是要将课程目标转化为学科教学目标，即将学科领域知识目标、认知需要、道德价值观、实践技能等目标细化为具体的学科教学目标；三是要结合教材内容，即在仔细分析教材的过程中发掘出与学科教学目标相关的内容，以此为基础，制定教学目标；四是要根据学科知识体系，要清楚地了解学科知识，并将其转变为学科教学目标；五是要考虑教学环境，即要考虑教学资源、课堂氛围、教学手段等，使建构的目标与其相适应，以便切实提高教学效果。

2. 深度分析认知过程

通常，初步建构的目标脱离不了"三维目标"表述方式的束缚，会比较空泛，无法真正引导学生进入创意教学指向的深度学习。为此，教师还要对学生的认知过程进行深度分析，以便对目标进行精细加工。比如对学生认知过程中的

"感知""想象""概括""固化""应用""结构"6个环节进行深度分析，以便再次梳理自己初步预设的教学目标的准确性和合理性，进一步思考目标落实的具体活动，以及可以获得哪些条件支持，以避免在实际达成过程中目标虚设或落空。

3. 精细加工教学目标

经过前面的一系列过程，教师已经对目标的主体、目标的客体、达成目标的方式、实现目标的条件、目标的落实程度等有了深度的认识，接下来就可以将教学目标进行精细加工，将其科学、准确地表述出来。

一般来说，教师可以结合本学科的特点和自身的教育理论知识与能力，或采用马杰的行为目标陈述法、格伦兰的内外结合陈述法、艾斯纳的表现目标陈述法，采用自己认为最合适的表述方式，将教学目标科学而精细地表述出来。比如：

1. 结合一次函数、二次函数，说明函数的变化趋势（理解层次）。

2. 能借助具体的函数图象，经历符号化过程，抽象出函数的单调性概念（分析层次）。

3. 能利用函数图象写出函数的单调区间，能利用定义证明一次、二次函数和反比例函数在某个区间的单调性（应用层次）。

4. 积极参与同学间、师生间的交流活动，知道符号化表达数学定义的意义，体会数学概念学习的基本方法（评价层次）。

这是某教师针对高一数学"函数的单调性"，经过上述环节精细加工后的教学目标，从案例中可以看到，表述中用词精准得当，"说明""经历""知道""体会"，要求明确，如理解层次、分析层次、应用层次、评价层次。

四、贯穿思维培养

创意教学的根本目标在于促进学生思维水平的发展。学生思维水平的发展体现在思维能力的提高、思维品质的提升和科学思维态度的养成三个方面。因此在设计创意教学目标的过程中，要注重将学生思维的培养贯穿其中，使之引导学生深入知识的内涵，获取知识背后丰富的思维价值，使知识的学习和思维的培养同步进行。

这样一来，学生的学习就不再浮于表面，而是进行了扩展，其深度思维也因此得以发展。深度思维是思维发展的高级阶段，可以帮助学生处理与加工信息，推动学生建构与运用概念，将所学的知识和方法迁移到真实情境中解决问题。在这一过程中，学生的核心素养得以培养。

教师可以从以下几个方面将思维培养贯穿其中。

1. 营造良好的创新氛围

（1）建立平等的师生关系，营造民主的教学氛围

心理学研究表明，富有创造力的人对于客观事物中存在的明显失常、矛盾和不平衡现象更容易产生强烈的兴趣，对事物的感受特别强，可以抓住普通人忽视的问题，进而从新的角度认识和评价自己与别人的行为和观点。一旦师生之间形成了平等的关系，学生的这种求异思维和"打破砂锅问到底"的行为和态度就会因为教师的包容而得以展现，于是其钻研精神，不唯书、不唯上、不唯师的独立意识便得以培养，开始敢于质问，甚至敢于向教师提出不同意见。在这样的学习氛围中，其思维得以培养。创意教学要创设高度参与的课堂，首先就要调动学生的内驱力，给学生自由的空间。师生之间如果是平等的关系，学生的思维就会活跃一些，就会更加自信，能以健康向上的精神状态对待学习，进而主动思考、敢想敢说，其创新意识和创新思维就在这种良好的氛围中得以发展。

（2）注意利用各种教学手段，营造良好的教学氛围

心理学研究表明，学生处于愉快、和谐的情境中，其智力就会得到有效发挥，其个性心理特征也将得到充分展示。因此，教师要将思维培养贯穿在教学过程中，就要利用各种教学手段营造良好的教学氛围，使学生全神贯注地投入学习中，身心愉悦，灵感就会被激发，进而达到最佳创新状态，畅快地发挥创新精神。

2. 激发学生的创新精神

（1）在教学中巧妙地设计问题，发展学生的求异思维

求异思维是创造性思维活动的主导思维，基于这种思维，人才能产生新奇的想法。因此在创意教学中，要激发学生的创新精神，教师就要注意利用教材

引导学生突破思维定式，多角度、多方向思考问题，尤其要注意巧设问题，引发学生的思考和质疑，以训练其求异思维能力，培养其思维的多向性，激发其创造力。

某教师在教学小学数学"9加几"时，创设小猴装桃子的故事情境。学生列出算式"9+4"，时，教师提问："9+4＝？用你喜欢的方法算一算，看谁的方法又快又好。"结果学生有摆小棒的，有数一数的，有凑十的，等等。接着，教师让学生比较哪种方法又快又好。

这样的问题，不仅让学生理解了算法的多样化，还培养了学生的发散性思维。由于每种解法的思路不同，学生在这样的问题中，其思维水平会得到提高，思路也会越来越开阔。

因此，在课堂教学中，教师巧妙的问题设计可以引发学生进行讨论、表达看法，而这些讨论和看法闪烁着创新的光芒，表现了学生在解决问题过程中所表现出来的创造力，也体现了对学生求异思维、创造精神的培养。

（2）适时适机延伸，引导学生想象联想

想象与创新是相互联系、相互促进的关系，想象是创新的前提，创新又以想象为基础。心理学研究表明，受过想象力教育培养的比没有受过教育培养的学生，想象力要提高94%。因此要培养学生的创新思维，可以从发展学生的想象力入手。

教师在实施创意教学过程中，不妨结合教学内容，适机延伸，为学生创设充分想象的空间，以激发学生旺盛的求知欲。当然，教师还可以结合实际，适机提出一些发散性问题，对学生进行创造想象的训练，诱使学生充分思考，大胆想象，不断发展学生的想象能力。比如：

某教师在教授严文井的《犟龟》这篇文章时，先讲述了"龟兔赛跑"的故事激发学生兴趣，继而用下面的问题引发学生想象。龟兔的比赛就此完结了吗？兔子会甘心失败吗？当学生经过一番想象后，教师再去讲"龟兔二次赛跑"的故事，由此不但激发了学生的学习兴趣和热情，而且诱发了学生的想象，达到了培养学生想象力的目的。

3. 提高学生的创新能力

首先，教师可以在教学活动中贯穿对创新习惯的培养。教师不妨针对学生喜欢活动的天性，在教学中组织并开展学生喜欢的活动，比如设计游戏及小制作，引导学生深入各种社会实践活动中去，在活动中充分调动学生的主动性，大胆放手让学生自己来设计、组织、管理、总结，发挥其独立性和自主性，锻炼其敢想、敢说、敢做的创新精神。学生不仅因此获得终生受用的知识和技能，掌握创新的本领，还能养成积极、主动创新的好习惯。

其次，教师还可以针对社会实践这一课堂教学进行延伸和补充，设计体现实践性、趣味性、灵活性的活动，引导学生关注社会，积极参与社会实践，从而提高创新能力。

某美术教师和语文教师联手进行跨学科大单元教学，围绕"环境"这一受到广泛关注的问题，结合语文学科《只有一个地球》的教学，美术教师组织学生利用双休日自拍环保照片、自绘环保画，并在照片或图画下面编写公益广告词。学生想出了许多有意义的创意。"保护环境就是保护我们自己！""花儿在提醒人们：别摘我，我怕疼！""保护环境，营造绿色家园。"在这样的教学活动中，学生学到书本没有而他们真正需要的知识与能力，从而极大地提高其创新能力。

主题 3

打破常规实施教学

坚持创意教学，要求教师以激情唤起激情，以热情感染热情，在对课标、教材和学生进行深入分析后，立足学生主体意识，以"以学什么"为中心，用更高层次的目标引导学生，打破常规，用多种方式巧妙施教，以创造学生高度参与的课堂。

一、指向方法指导

教学的目的在于传道授业解惑，在于促进学生的成长，是一个引导、帮扶和放手的过程。基于学生的成长，教师在教学中，既要授人以鱼，也要授人以渔，用方法引导学生自身成长。因此，创意教学要注意体现方法的指导。

1. 菱形钻学习法

所谓菱形钻学习法，就是教师在教学过程中，注意引导学生将与学习重点相关的 9 项知识点按照重要顺序排列，摆成一个钻状的菱形。具体的操作步骤如下。

步骤 1：教师介绍学习重点和 9 项与学习重点相关的内容，并发放 9 张内容卡。

步骤 2：让学生以组为单位，把 9 项内容根据重要程度，从高到低排列成菱形。第一排放 1 个知识点，第二排放 2 个知识点，第三排放 3 个知识点，第四排放 2 个知识点，第五排放 1 个知识点。

步骤 3：小组活动结束时，让每组学生组与组之间相互比较他们的答案，分享他们的理由。

步骤 4：教师归纳总结。

需要注意的是，在步骤 2 中，小组内的学生要先对知识点的重要程度加以讨论，也就是每个学生都要给出他们认为的知识内容重要程度的排序理由，组内成员意见一致后，再做排序。这种方法用于课堂教学，可以达到如下效果。

首先，菱形的层级排列体现了不同的等级，这就要求学生在排列前要考虑知识点之间的联系，不但可以帮助学生更深地理解学习重点，分辨相关知识点的重要程度，而且有助于学生理解知识点之间的联系，将知识内容形成一个整体，构建知识网络。

其次，菱形的排列包含着不同的等级，这意味着学生会考虑知识点之间的联系；中间三种等级，每一种等级都有两个以上的空格需要学生在梳理和思考后填写，这就代表学生要考虑选择哪两项内容将其平等摆放，学生会因此获得不同的选择和组合类型，也就为小组学生讨论提供了更多的空间和余地，有利于学生合作学习的展开。

由此可见，这是一种关于排列学习内容的有效小组合作学习方式，可以高效地引导学生在合作学习中走向深度学习。

2. 画出答案法

所谓画出答案法，就是借助绘画来回答问题，不用语言或文字表述。这是一种将学生的思维可视化的过程，属于思维可视化的教学方法。具体的操作步骤如下。

步骤1：教师讲解这节课的学习重点之后，列出3个与学习重点相关的问题。

步骤2：学生按习惯积极地举手回答，教师此时就要提出要求——不能够写字，只能用绘画的方式来回答。倘若有的学生说不会画，可以鼓励学生尝试用简单的线条表达想法，可以用语言直接描述如何画，甚至可以请学生之间合作，由一个学生给出示范，另一名学生帮着画出来。

步骤3：学生思考后独立完成绘画，同桌之间分享画作内容，以及为什么这样画。在学生分享的过程中，教师在教室巡视，留意那些较有深度的答案。

步骤4：学生分享交流结束后，教师请优秀作品代表分享画作，让其详细描述创作这幅画的思路。

这种教学法是在明确的教学目标和学习目标下，指向学生的思维发展的，不但可以充分调动学生的积极性，让整个课堂充满趣味性，而且会使学生从更多角度或方面思考问题，寻找到画出的答案与问题之间的联系，促进其思考深度，提升学习的主动性，实现深度学习。

3. 概念图法

这一教学方法是基于建构主义学习理论和思维学习理论提出的。

首先，建构主义学习理论表明，知识的构建是学生从已有的概念开始，借助这一概念对事物进行观察和认识，并在学习过程中不断向知识网络增添新内容，从而促使有意义的学习发生。在这一过程中，学生一定要将新旧概念联系起来。而概念图就是由知识网络中不同概念连接起来形成的，在知识形成的过程中逐渐展现细节和具体内容（如图1-1）。

《枫桥夜泊》中的情景交融

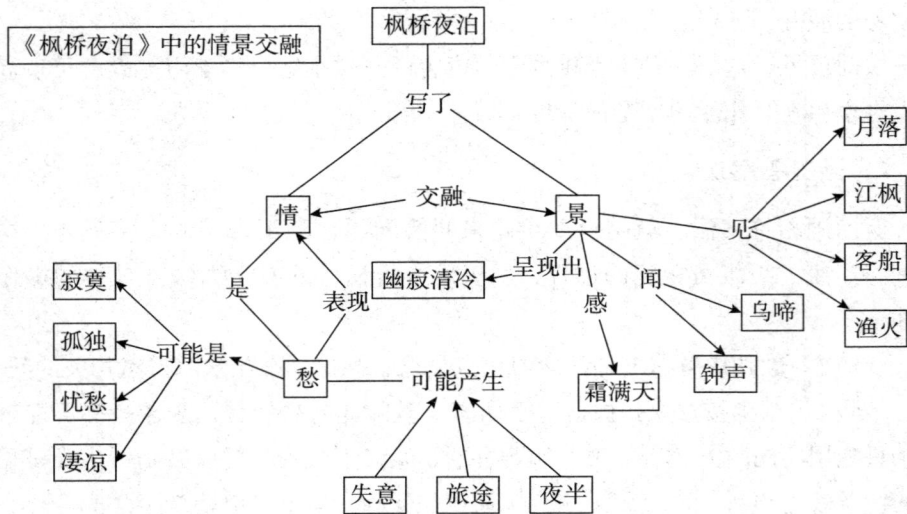

图 1-1 《枫桥夜泊》概念图图示

从图 1-1 中可以看到，概念图法就是借助于概念图展示的不同知识的节点，以及它们之间的关系，在创建含有不同概念图的同时，描述不同概念的内涵，展示不同概念之间的联系。

其次，思维学习理论指出，思维是人脑的功能，意义建构、问题解决都必须经过学习者积极主动的思考才能成功。学生主动地参与学习，积极地思维，把学习方法转化为个体品质。概念属于陈述性知识，是知识的基础。绘制概念图可以引导学生经历"整理资料→整合知识→形成某主题的已有知识图→在已有知识结构中嵌入新概念→在长时记忆系统中固定学习内容→修正与完善"这样的学习过程，有助于促进学生高级思维发展。

概念图教学的具体操作步骤如下。

步骤 1：教师讲解完某一知识点或开始讲解某一知识点前，通常是大概念（核心概念），出示这个知识点，引导学生围绕这个知识点开始创作概念图。

步骤 2：教师要提出具体的要求，即这一概念图至少要包括与知识点相关的几个概念，每个概念都要有明确的定义且要有具体的例子，要体现概念之间的联系，描述之间是如何关联的。

步骤 3：学生在完成自己的概念图后，将其放在课桌上展示，全体学生按顺序在教室内走动，学习并观察这些作品，并记录下自己最喜欢的两幅作品，给出喜欢的理由。

步骤4：全体学生各回其位，接着教师邀请同学主动分享自己喜欢的作品及其理由，然后请作品的创作者分享绘制概念图的过程。

这一教学方法借助概念这个知识架构，引导学生在学习过程中获得极强的自学能力，从而真正做到深度学习，把握核心概念，形成大概念，做到将书读薄，掌握这种高效的学习方法。这一教学方法可以运用于多个环节。

（1）"新课预习"环节中的应用

图1-2是某生物教师针对"内环境"这一知识点，在上新课前为了解学生原有知识的情况编制的填空式概念图。

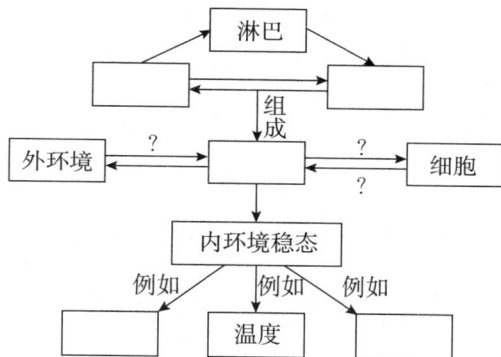

图1-2　"内环境"知识点概念图图示

当学生在图1-2中填上相应的概念或连接词后，教师就可以很快地了解学生原有知识掌握的情况。

（2）"新课讲授"环节中的应用

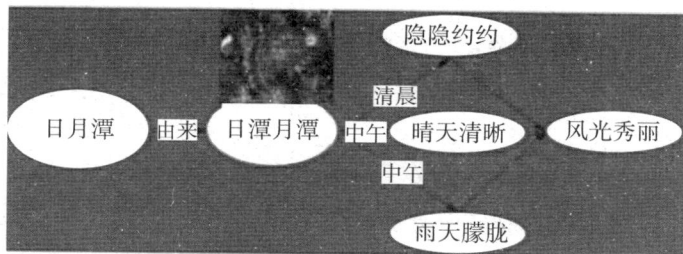

图1-3　《日月潭》教学概念图图示

图1-3是某教师在讲授新课《日月潭》一文时，利用概念图，引导学生厘清课文的脉络，明确各段落之间的关系，进而理解文章的内容，把握文章的时间写作

顺序，抓住景物特点描写的方法，从而提升写作水平。

图 1-4 是某生物教师在教学"可遗传变异"这一核心知识时，在新课讲授环节，利用概念之间的内在联系设计问题，引导学生在解决问题的过程中进行知识构建。如此一来，概念图就在师生互动的过程中完成了，学生也因此感受到每一部分内容中所涉及的知识点以及相关概念（见图 1-4）。

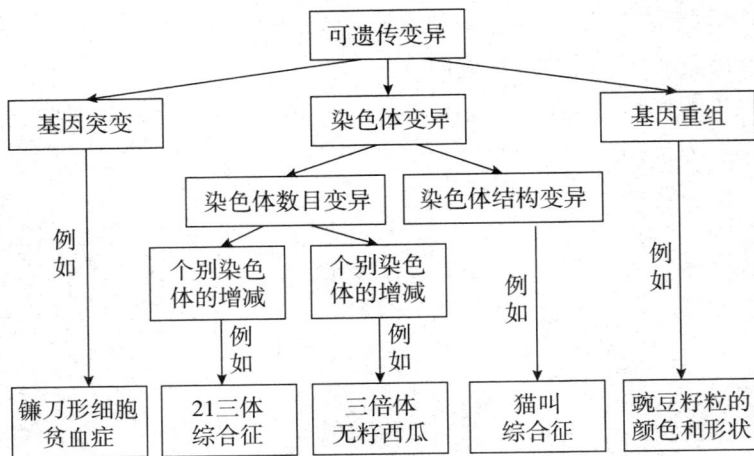

图 1-4   "可遗传变异"知识概念图图示

（3）"知识小结"环节中的应用

在一节课或一个章节教学结束的时候，教师也可以用概念图的形式带领学生整理本节课的收获，便于学生统整新旧知识，建立良好的知识结构，增强记忆效果，方便日后使用（见图 1-5）。

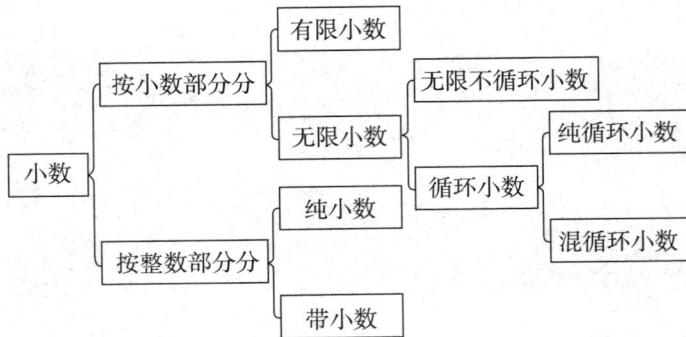

图 1-5   "小数"知识小结时采用的概念图图示

除此之外，概念图也可以依据学科教学的不同、课型的不同灵活运用，以达到引导学生自主学习、学会学习、深度学习的目的。

4．思维导图法

思维导图，又名心智导图，是训练学生发散性思维的有效工具，是将放射性思考具体化的方法，将其用于教学，可以促进学生高级思维发展，使之进行深度学习（见图1-6）。

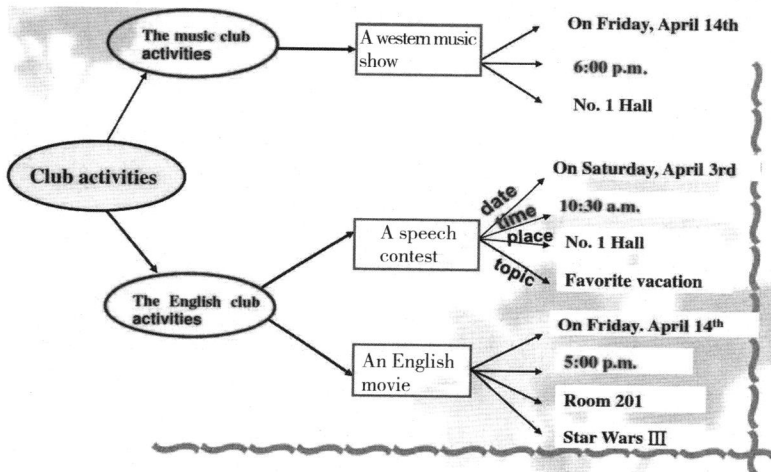

图1-6 "Club activities" **教学思维导图图示**

利用思维导图开展教学的具体操作方法如下。

步骤1：教师讲解完本课后，让学生设计一张思维导图，总结本节课学习的主要内容。这时有必要跟学生介绍什么是思维导图，给出清晰的范例。

步骤2：学生独立设计思维导图，补充已知的相关内容。在同学们画思维导图的过程中，教师可以在教室里巡视，看谁画得较好。

步骤3：在课程快结束的时候，邀请画得好的同学进行分享。在这个过程中可以告诉同学们，大家画的思维导图可能会不一样，因为每个学生都有不同的想法。

步骤4：最后教师可以跟学生们分享思维导图，说出创作过程，给学生参考答案，也给没有思路的同学以启发。

总之，作为一种高效工具，思维导图利于教师教学，可以用于教学的各个环节，也适用于不同的课型；利于学生自主学习，加深学生对知识点的记忆。在实际运用中可以参考概念图的用法，以提升课堂的活跃度，让课堂变得更有趣，创造学生高度参与的课堂。

二、侧重合作学习

指向学生核心素养培养的合作学习，体现了以学生为主体的"学什么""怎样学"的教学理念。为此，教师要创设学生高度参与的课堂，就要让学生把控课堂，运用小组合作学习的方式，使每一个学生都能主动参与其中，形成互助、互帮、团结、鼓励的学习氛围，促进学生学业与素质的共同进步。为此，教师在课堂教学中，可以打破常规，创新实施以下教学方法。

1. 同伴共读法

这种合作学习的方式多用于语文、英语、历史等学科的教学中，其目的是使学生在教师的启发诱导下，在自己熟悉的情境下，自由表达、质疑问难，共同交流、讨论和探究，从而接受文化浸润，涵养正气。

某教师围绕杜甫《登高》一诗进行主题化教学时，采用了同伴读书法营造学习共同体。

课前自学阶段：学生以小组的形式，自主读书，读懂诗歌，从思路、形象、情感等五个角度写一篇阅读笔记。

课堂教学阶段：学习小组内交换读书笔记、小组汇报读诗方法。

课后阶段：分组研读以"登高"为主题的诗歌，每组研究一首，重点从物象、诗人形象、情感方面与杜甫《登高》比同与异。

通过一系列的共同合作，学生很快掌握了诗歌鉴赏要从把握形象意境、景情关系、手法技巧等方面入手的基本方法，无形之中提升了学生的语文素养能力。

在这个案例中，学生之间借助于交换读书笔记、分享学习收获，互相学习与借鉴，进而在合作学习中实现语文学科核心素养培养的目标。

2. 深入采访

这是一种生活化的合作学习方式，其目的是通过访问，制造一种问答情境，促进深入思考。相较于简单的同伴交流，这种教学方法类似于电视节目的访谈或追问，学习效果和教学效果会更好。具体步骤如下。

步骤1：教师提出学习任务，学生针对布置的任务设计问题，从中推选采访人员，其他同学则做准备。

步骤2：采访人员根据设计的问题，有针对性地询问小组内的同学，根据他们的回答进行更深层次的追问："这个问题你是怎么想的？""你感觉为什么会是这样？""还有没有其他的可能？"……其他人可以进行补充与完善。

可以说，这种教学方法应用于日常的交流之中，学生自然会深入其中，形成深入思考的习惯，进而培养其深度学习下的高阶思维。

需要注意的是，运用此方法时，为避免学生设计的问题过于简单、缺少深度，教师可以为学生提供参考模板，让学生使用。如果学生提出的问题过于困难，不妨引导采访人员多准备一些问题，为回答的学生提供更多的选择，不但发挥了学生学习的自主性，还给学生创造了自主学习的空间。

3. "漂流本"法

这一方法是基于小组合作学习的形式进行的。"本"指的是小组合作学习的记录本，"漂流"是指记录本在不同小组间传看。这是合作学习下的一种静态的合作学习方式，其目的是激发学生的学习兴趣，在互相借鉴学习的过程中其思维得到发散和提升。其基本操作步骤如下。

步骤1：各小组将本组的观点整理在记录本上。

步骤2：3~5个小组组织成一个交流单位，依次将各组的记录本进行传阅；传阅时，将他组的精彩观点记录下来，亦可在他组的记录本上批注自己的意见。

步骤3：当记录本"漂流"回本小组时，本组了解了其他小组的观点，同时也根据其他小组提出的意见完善本组的观点。

需要注意的是，为了便于小组之间交流，不妨在漂流本的旁边加注一个"反馈表"，引导学生进行分析。反馈表可以按表1-2形式设计。

表1-2 "漂流本"配套用的反馈表

我们的意见（写自己讨论的结果）	
补充意见（写出自己修改的意见）	
欢迎你提出意见	

4. 访客跨组交流

这是一种小组合作学习模式，旨在让所有的学生都动起来，以角色扮演的方式进行合作交流。这是跨组交流的策略，利于扩大学生交流的范围，激发学生的学习兴趣，扩大小组合作学习的效果。

组织访客跨组交流活动的前提如下。

学生划分小组后，小组成员确定"接待者"与"访问者"两种角色，明确双方的职责。"接待者"负责向来访客人介绍本组的结果，并回答他们的提问，一般每组一名。"访问者"是除"接待者"之外的其余学生，负责外出到其他组学习交流，每个"访问者"负责访问一个小组，了解小组的观点，最后"访问者"回到本组介绍"访问"收获。

具体活动步骤如下。

步骤 1：小组合作，共同讨论，总结小组观点。

步骤 2："访问者"外出到他组，倾听他人的介绍并记录；"接待者"接待来访者，介绍本组的观点，并回答他人的提问。

步骤 3：访问者回到本组，就"出访"了解到的信息，完善本组的观点，总结本组最后的观点。

需要注意的是，这是一种动态的合作学习模式，如果学生人数较多，班级环境拥挤，那么就可以在小范围内展开，比如相邻四个组之间，也可以采用"漂流本"相结合的方式，使"本"动而"人"不动。

专题二
让学生成为课堂的中心

    核心素养下的教育，其目的是培养学生的能力和素质，因此课堂教学不仅要让学生掌握知识和技能，更要使其成为独立、自主、创造性的人。为此，要建构学生高度参与的课堂，就要凸显学生的主体地位，带动学生积极的学习情绪，关注学生的情感，使之成为课堂的中心。

主题 1

充分了解学生

以学生为中心的课堂，强调学生的主动学习，用平等的身份与教师互动，教师则处于咨询者、辅导者和学习动机激发者的位置。因此要让课堂真正确定学生的中心地位，首先就要多方面、多角度充分了解学生。

一、明确学生的学习特点

学生的学习是人类学习的特殊形式，也是人类学习的重要组成部分。一般来说，学生的学习是指学生在学校里进行的学习，是一种狭义的学习，既不同于人类历史经验的积累过程，也不同于人们在日常生活环境中所进行的学习，有其独有的特点。

1. 学习内容以间接经验为主

学生主要的学习内容是间接的知识经验。所谓间接的知识经验，就是指前人积累起来的各门科学知识。这一学习内容的特殊性，是由学生的学习和成长的过程决定的，即在较短的成长时间里接受人类的认识成果。这表明，学生的学习无须事事从实践做起。但要注意的是，学生对这些间接经验的学习和掌握，可以运用实践的方式加以理解、巩固和运用，以此检验学习和掌握的程度，且让学生将所学知识和掌握的经验用于实践中，可提升对知识和经验的认识，进而促使其产生更高的学习要求。

2. 学习过程是有目的、有计划、有组织的

由于学生认知发展需要一个过程，因此其学习需要借助于教师的指导。从这个角度来看，学生的学习过程是有目的、有计划、有组织的。而教师在学生的学习过程中，就是设定目的、计划和组织学习的人。教师在学生的学习过程中，通

过系统地指导和传授，使学生的学习避免了许多弯路，从而在较短的时间内取得更有效的学习成果，因此承担着极其重要的作用。

3. 学习任务具有科学性

学生学习的主要任务是掌握系统的科学知识、技能，形成科学的世界观和良好的道德品质。而学生科学的世界观和良好的道德品质的形成过程，同样是一个学习的过程，是在掌握系统的科学知识和技能的基础上，借助于有计划、有组织的各种教育活动实现的。

4. 学习形式的独特性

学生的学习是在学校班集体这一独特的群体中进行的。可以说，班集体中的人际交往、人际关系等对学生的学习有着重要影响。

二、了解学生间的差异

每个学生都各不相同，极具多元性。教师要让学生成为课堂的中心，就需要明确学生具有不同的能力、不同的性格及不同的喜好，因此各具其长、各有其短。教师唯有认清客观存在，灵活教学，才能真正让学生成为课堂的中心。

1. 智力差异

智力是指一个人认识、理解客观事物并运用知识、经验等解决问题的能力，包括记忆、观察、想象、思考、判断等。学生之间会存在着智力差异，这种智力水平的差异表现在学生个体之间或个体内部的智力水平高低不同。这是一种先天因素，和智力成熟的早晚有关。比如有的学生早慧，有的学生则智力发展相对较晚，因此会在小学或中学时期表现得平庸，而进入初中或高中，甚至成年后才开始显露才能。再如从小学到初中，女生的成绩一般会好于男生，但是进入高中后男生则在学业上表现更好，就是由于女生的智力发展早于男生，但男生一旦进入智力成熟期，成绩就会突飞猛进。

2. 人格差异

人格，即个体在对人、对事、对己等方面的社会适应行为上的内部倾向性和心理特征，是能力、气质、性格、动机、兴趣、理想、价值观和体质等方面的总和，是个体在社会化过程中形成的独特的身心特点。由于每个人的神经系统、文化背景和所受家庭教育的不同，个体会表现出不同的人格特质。这种差异也对学生的学业成绩、人际关系及身心健康产生重要影响。德黑兰大学的研究人员就学生特质与其学习成绩之间的关系进行的研究表明，外向的人更加浮躁、冲动且专注能力较低，总体上难以取得出色的学习成绩；富有尽责精神的学生会取得更加出色的学业成绩。因此，同一个班级中会出现学优生与学困生的差别。

3. 认知方式差异

认知方式，也称为认知风格，是个体感知、记忆、思维、问题解决、决策及信息加工的典型方式，涉及学习者个体及其学习方法。于学生个体而言，其认知风格是相对固定和具有持续性的，体现了学生偏爱的学习方法。不同的学习方式对学生的学习会产生不同的结果，比如对于同一问题，不同学生的思考速度存在着非常明显的个体差异，这种差异表现在人格上就分为冲动型与沉思型两种。由此可见，认知风格与学生的性格相关，而且与学生的情感和动机特征相关。

总之，教师要认识到，同一个班级的学生会出现尖子生、中等生、后进生的分层，要了解并关注他们之间的差异，充分尊重学生的主体性和差异性，在设计教学环节时注意了解学生的学习能力，科学设计教学流程，灵活使用教学方法，有针对性地教学，尽量发挥单位时间的最大效益。教师要因材施教，让每个阶层的学生都能有所收获，得到不同程度的提高，进而唤起学生学习的主动性，使之愿意成为课堂的主角，如此才能真正做到让学生成为课堂的中心，实现有效教学。

三、清楚学生的学习起点

了解学生的学习起点是有效教学的切入点，也是教师能够对学生实施个别关怀和因材施教的前提。因此，教师要付出精力和时间去充分了解每一个学生，给予学生有针对性的心理关怀，不但可以融洽师生关系，而且让教学充满了魅力、生趣与活力，从而让学生乐学、爱学。

1. 认识学生的学习起点

学习起点，由"学习"和"起点"两个词构成。起点，在《辞海》中给出的解释是学生时间、地点或思想认识、行动、水平等。学习起点，就是指学生在学习此知识前已有的思想认识、行动、水平。

学生的学习起点包括逻辑起点和现实起点两类，逻辑起点就是指按照教材知识的积累、安排的学习进度，学生已经具备的知识，这是一种静态的、封闭的；现实起点是指学生在多种学习资源上具有的多于教材的知识、技能的积累，是动态的、开放的起点。

2. 了解学生的学习起点

学生的学习起点是影响学习新知识的重要因素，明确学生的学习起点，可以使教师科学地进行教学设计，从学生的实际出发，合理、灵活地处理教材。为此，教师要从以下几方面入手，了解学生的学习起点。

首先，教师要从教材出发，彻底摸透学生的逻辑起点。教师要在备课的时候预设可能出现的情况，对于教材的知识脉络、知识结构做到了然于胸，每教学生一个知识点，都要弄清楚这个知识点与后续知识内容的关联性及应用方法，并及时对所学的知识进行梳理，使知识形成板块，组成严谨的知识结构。此外，教师还要关注知识之间的联系，从特殊到一般，总结规律，真正地理解知识的内涵和外延，时刻把握学生的学习逻辑起点，让教学更好地服务于学生，让学生在学习中找到自主的感觉。

其次，教师要与学生交流谈心，了解学生的现实学习起点。教师必须明确，教学是要让学生清楚学习的目的是"知道什么"，而不是"为了知道什么"。因此，教师要尊重学生学习的现实起点，从学生的知识经验出发，找到学生的"最近发展区"。教师可以采用调查报告、测验等形式，让学生自己谈谈对这部分知识或内容的理解程度、答一答相关的问题，或者听取不同层次学生的不同意见，从而了解学生对学习目标中指出的知识技能和思想方法的掌握程度。如此一来，教师就能对学生的知识现状有一个准确的了解，进而科学地确定教学目标、重点和难点，以及哪些内容可以让学生自行理解、哪些内容需要学习、哪些内容需要教师讲解。这样设计的教学，才能真正让学生成为课堂的中心，才能调动学生学习的积极性。

3. 把握学生当下的学习状态

要清楚学生的学习起点，使之成为课堂的中心，还需要教师认真观察学生，把握学生当下的学习状态。教师要善于从学生的言谈举止中了解其学习态度和情感，了解其心声。比如教师要注意倾听学生的发言，体会其情感变化，在变化中了解其现实的客观知识经验，了解其学习的现实起点。如此一来，就可以在课堂上及时调整教学重点和教学策略，把握教学动态，激发学生的学习热情，从而调动学生学习的积极性，使之成为课堂学习的中心。

主题 2

和学生一起设计教学

要让学生成为课堂的中心，使之产生主角意识，教师不妨基于对学生的了解，在明确学生的学习特点、了解学生间的差异、清楚学生学习起点的基础上，和学生一起设计教学。

一、前提：构建新型师生关系

苏霍姆林斯曾这样表述："上课是教师和儿童的共同劳动，这种劳动的成功，首先由师生关系来确定。"因此要师生共同设计教学，前提就是要构建新型师生关系。

1. 树立正确的师生观

师生共同设计教学，需要树立正确的师生观，即教师要摒弃并超越传统的师道尊严的师生关系，认识到师生双方都是学校得以生存、延续、发展的两个最基本的要素，每一个课堂都是由师生组成的学习共同体，学校教育的根本目的和根本任务在于培养学生成长成才。教师还要认识到，在现代社会中，师生双方是相互平等的两个主体，师生关系以学习为中心任务，始于课堂，又超越课堂，是课内的互动与课外的交流的融合，是线上学习与线下咨询等多种形式的结合，是相互交流、彼此信任、联系紧密、互动频繁、友好和谐的关系。正是这样的关系，才能促成师生共同进步、共同成长。

为此，教师要给予学生同等的尊重。心理学相关研究表明，人的尊重需要是与生俱来且相互的。当教师给予学生尊重，学生就会自然而然地尊重教师，甚至产生"爱屋及乌"的积极心理效应，将教师提供的知识当作一份宝贵的礼物来学习，进而产生乐学、好学的良好的学习态度，消除厌学心理。在这样的师生关系下，学生会乐于和教师共同探讨与学习，于是师生共同设计教学就成为一件水到渠成的事情，而学生的学习自主性则会被调动起来，进而在学习中主动思考，在思考中做人、在思考中做事。

2. 树立教育民主思想

师生共同设计教学，还需要教师树立教育民主思想，即教师要明确自己是学生成长的引领者，承担着激发学生的潜能、对学生的教育内容进行设计、推动教育实践工作、助力学生成长和成才的重要作用。

（1）树立"以学生为本，以学生发展为中心"的教育理念

教师要认识到，师生之间的教学关系就如同园丁与花朵之间的关系。园丁若想让苗木茁壮成长、应时开花结果，就需要为其创设适宜的生长环境，而师生共同设计教学就是教师作为园丁的职责体现。要达到师生共同设计教学的目的，教师就要树立"以学生为本，以学生发展为中心"的教育理念，明白不同的苗木有着不同的特点，要遵循其生长规律加以培育，以学生的全面发展作为教育的出发点和归宿，为学生设计和提供民主、宽松的环境。

（2）构建民主的师生关系

教师要认识到，师生共同设计教学，意味着教师要让教学从知识的传承走向知识的构建；要认识到，于学生而言，学习是发生在师生共同合作的基础上。师生共同设计教学，意味着师生关系的人性化，唯有构建民主、平等的师生关系，才能激发学生的主动性和创造性，进而创造学生高度参与的课堂。

3. 关注每一个学生

师生共同设计教学，需要教师认识到，师生共同构建知识的过程就是课堂逐步规范的过程。在这一过程中，教师要注意发现学生、认识学生，让每一个学生的潜能都能在师生共同构建的课堂中最大限度地释放出来，让每一个学生都能在这样的课堂教学中健康成长，让教育和教学真正做到"和而不同，共同发展"。

（1）给予学生鼓励和支持

鼓励是一种管理艺术，也是一种教学调节手段。要达到师生共同设计教学的

目的，教师就要注意给予学生适时而恰当的鼓励，使学生在学习活动中进一步认识到自己的潜能，增强学习的信心。实践证明，在师生共同设计教学的过程中采用"鼓励+希望"的做法，效果颇佳。

（2）满足学生自我实现的需要

马斯洛在《人类动机理论》中提出人类需要的五个层次理论，其中自我实现的需要是个体最重要的精神需求。因此，要达到师生共同设计教学的目的，教师要认识到，激发学生学习动机的一个重要要素，即满足学生对自我实现的需要。每一个学生在其内心都有自我实现的潜在需要，教师要注意以学生的知生活力为基础，借助于良好的教育方式唤醒学生的自我意识，开发其自我潜能，满足其个体的需要，以实现师生共同设计教学的目的，从而激发学生的内在潜力，实现自我价值。

比如，教师要认同学生在某一学科学习上的个体差异，积极鼓励和肯定学生的每一次进步；要注意在师生共同设计教学的过程中，将主动权还给学生，引导学生在学习中自主拟定学习目标，通过解决问题来提升自我能力。

二、多角度入手，共构课堂教学

教师要和学生共构课堂教学，需要在充分了解学生的前提下，依据学生的学习特点、学生间存在的差异特点，以及学生不同的学习起点，多角度设计和组织教学。

1. 从学科知识入手

针对学生间存在天赋差异、兴趣爱好差异，教师可以从学生感兴趣的学科入手，从学生的需要出发，开发一些可以满足学生个性需要的学科课程。在此基础上，教师再根据学生的天赋、兴趣和个性化学习进程进行个性化教学的组织与实施，以此挖掘学生的天赋、激发学生的兴趣，促进其个性特长的充分发展。

第一步：从学生感兴趣的学科入手。这一步在于引导学生研究自己的兴趣，进而找出自己最感兴趣且最希望学习的学科，并以此为基础开始拓展学习。

第二步：实施个性化教学。这是指教师在学生开始拓展学习的过程中，给予相应的指导，使之对自己选择的学科课程进行个性化学习，以帮助其解决学习中的问题，从而满足其个体学习的需要。

第三步：建构个性化课程。这是指教师在实施个性化教学的过程中，引导学生根据自己的认知方式和学习情况，对学科知识结构进行自主架构，促进其形成自己的知识结构。

经历上述过程，学生就可以将知识学习和兴趣激发、个性化学习和个体课程建构巧妙地融为一体，进而实现师生共同设计课程这一目标。

2. 从学习习惯入手

这是指在构建课堂教学时，教师在充分了解学生基础、弄清学情的基础上，对学生进行异质化分组教学。这种异质化分组就是考虑到学生间存在差异的客观性。因此，教师从学生的学习习惯入手，基于同伴学习的动机进行分组，以发挥学生间相互影响和相互促进的作用；并为不同学习习惯的学生提供差异化的学习任务，使不同学生在课堂上都能够学有所获、各有成长。

比如英语教学中，有的学生适合通过阅读来熟悉单词，有的学生则偏好听音来学习单词，有的则适合动手边写边记，或者通过拼接单词的形式来记忆，教师从这些学生不同的学习习惯入手进行异质化分组，在教学准备、教学评估等环节上，尝试为学生提供更多的选择，让每一种学习风格的学生都能拥有自己的进步空间。

某教师在教学"Go for it"九年级 Unit8《I'll help clean up the city parks》Section A 时，按学习习惯分组，组织学生进行合作学习。

Step1. Warming up and presentation.

通过提问"Where would you like to go on vacation?"复习上单元话题并询问"What are the other people doing in their spare time?"引出志愿者工作的图片。通过图片，学生学习新单词。

Step2. Listening and practicing.

学生听4组小对话，然后完成句子。由于这一题目相对简单，听力材料只是一问一答两句话，大部分学生都能听懂对话内容并独立完成填空，但考虑到学生由于单词记忆不牢固，很有可能写不正确，所以教师在"check the answers"环节组织了第一次小组合作。学生按单词记忆的习惯分组，每组的"小老师"带着组员订正答案，最终派一个代表将正确答案写到黑板上，正确率最高的小组得到一次加分机会。

接着教师通过 "Would you like to help others? What other ways do you have to help people?" 这两个问题引导学生完成练习.

Step3. Activity.

学生通过 "What could you do if you like to clean up the city parks?" 这一问题展开探讨，走向合作学习的小高潮。教师把课前准备好的活动记录表发给每个小组。

1. 学生调查小组成员的状况并完成记录表。活动开始前，教师先和两个学生进行示范。

T："What could you do if you like to clean up the city parks?"

S1：I'd like to sweep the floor.

S2：I'd like to clean the chairs.

2. 小组派代表向全班汇报。

教师用 PPT 给学生做提示 "You can report like this. We'll clean up the city parks this weekend. In our group, ×× likes to …" 这一活动使每个学生都有机会参加进来，有了教师的示范和提示，学生轻松地完成了任务。

Step4. Listening and role playing.

通过提问 "如何让更多的人知道志愿者活动并参加进来呢?" 引出练习对话，选答案。学生再听一遍后完成后面练习。考虑到这一听力材料较长，要填的空又偏多，所以在这个环节教师虽然组织学生进行了小组合作学习，但仍要以教师为主导，让学生先独立听，然后和组内成员交换看法，最终大家一起探讨，形成一个答案。

Step5. Homework (Choose a volunteer job and draw a poster of it, add some sentences to describe the job.).

这样一来，基于相同学习习惯的分组教学，可以使不同学生选取喜欢的方法去学习，不但可以迅速打破组内沟通障碍，而且能更加有效地提升组内学习、讨论的效率。

3. 从职业倾向入手

根据霍兰德的职业兴趣量表，学生大致表现为六种职业倾向：社会型、企业型、常规型、实际型、调研型和艺术型。这些类型是基于对学生相应测试题答案中，该类型群体所具有的共同特征的基础上划分的。研究表明，学生的职业兴趣或许会随着年龄的增长和知识的丰富产生一些变化，但是每种类型所对应的某些共同性格特征通常不会发生改变，会对学生的学习风格和学习优势产生深刻的影响。

教师在心理研究基础上，在充分了解学生的前提下，关注学生既定的能力层级差异，进一步关注学生的兴趣偏好，从而科学设计个性化的学习任务。

4. 从学习的自主性入手

学习的自主性包括自主学习和自主提问，二者都体现了学生在学习过程中的主动性。为此，教师可以在开展新的课程内容时，从学习的自主性入手，通过设计相应的自主学习任务，充分调动学生学习过程中的主动性，让学生自主答疑、自主检测，开展带着明确任务的自主学习。

比如在语文教学中，教师可以提出相应的任务，让学生在自主阅读的过程中，概括出文段的主旨意思；在数学教学中，教师可以让学生在任务驱动下，自主学习，完成一定的练习；在英语教学中，教师让学生在自主学习中提炼出一定的句式；在政治学科的教学中，教师让学生自主学习，构建出核心知识体系的框架，梳理出相互之间的逻辑关系；等等。

我们来看一个历史教学的案例。

探究1：在当代，和平具有了现实的可能性，世界大战在可预见的时期内打不起来，为什么呢？

学生们各抒己见，并利用手头资料，讨论出课文主要内容。

①饱尝战乱之苦的世界各国人民渴望和平，反对战争。

②核战争的毁灭性后果，使某些核大国不得不考虑自身的安全而不敢贸然发动战争。

③经济全球化的发展，国家之间相互依存的程度日益加深，国际上各种力量互相制约，有利于维护世界和平与稳定。战后世界和平是主流。

探究2：你是怎么看待当前的和平形势的？（学生分组讨论）

各小组进行交流，相互之间展开讨论，学习别人的观点。

探究3：在当代，发展成为世界的主题，是因为发展有了现实的可能性。那么，当前世界经济发展的形势是怎样的呢？

探究4：解决世界和平与发展问题的主要障碍是什么？怎样消除这一障碍，请大家来把把脉，然后对症下药。

主要障碍是霸权主义和强权政治的存在。消除这一障碍的有效途径就是建立国际新秩序。

当然，在这一自主学习的过程中，教师需要引导学生先进行自主诊断，发现自己在自主学习过程中的问题，并配合着自主学习时的疑惑，提炼出自主学习过程中所产生的真问题。这时，学生的问题比较集中的知识点就成了一节课真正的教学难点，教师可以由此有针对性地设计和组织教学。这样的教学就是体现学生主体性且最能反映学生"最近发展区"的个性化教学，是师生共同设计的教学。

主题 3

让学生做老师

在驱动性问题或情境下，学生要开展个性化学习，就要真正做自己的老师、做彼此的老师，自主学习，在探讨问题的过程中，产生更多思维的碰撞，激发不同的观点和看法，从而实现高度参与的课堂教学，提高课堂效率，促进个性化学习的进程。

一、创设情境，激发自主学习的兴趣

要让学生成为课堂的中心，使之做彼此的老师，教师可以在教学中合理创设情境，激发学生的学习兴趣，帮助其理解教材内容、加深印象，在提高教学效率的同时唤醒学生的认知思维，使之主动探索，提高参与意识及自主学习的兴趣。

专题二 让学生成为课堂的中心

1. 借问题情境激发

学由思始，问题是学习的核心，有了问题，思维才有方向；有了问题，思维才有动力。教师要让学生做老师，可以借助于创设问题情境，激发其学习的主动性、思考的主动性。下面的案例是某教师在教学《去年的树》一课时，结合文章内容，创设问题情境，设计不同类型的问题。

问题1：读完文章之后，我想大家的脑海中应该会浮现出5个会说话的人物，大家还记得都是谁吗？他们说了些什么呢？

（这是在引导学生品读文章，体会文章中小鸟和大树之间的对话后进行的提问。这个问题既是对学生记忆力的考查，又能够检验学生是否认真阅读。问题一提出，学生就开始从记忆中提取有关这5个人物的信息。）

问题2：你知道鸟儿是在什么时候给大树唱歌的吗？

（这是在细读文章时，教师针对文章第一段内容进行的提问，促使学生在回忆中细致地研读和思考。）

问题3：你从这句话中的两个"天天"中体会到了什么？

（这是当学生阅读课文后，发现小鸟"天天"给大树唱歌时提出的问题，旨在让学生从这句话中体会到小鸟和大树之间的友情。）

问题4：大树被伐木人砍倒之前会说些什么呢？

（这是针对文中提到大树被砍倒用来做柴火的提问，以此激发学生的想象力，引导学生想象大树可能会说些什么，培养学生的想象力。）

可以看到，这些是针对教学目标为学生品读重点句子和段落而设计的问题，旨在引导学生做自己的老师，做彼此的老师，学会多元交流，体会小鸟和大树之间的友情，让学生在提问中有所收获。

2. 借生活情境引导

学科知识与内容来源于生活，与现实生活之间有着密切的联系，教师可以利用生活中与学科知识或内容相关的资源，将其引入教学中，创设教学情境，增强学生的自主学习动力，鼓励其做自己的老师、他人的老师。

创造学生高度参与的课堂

某教师在教学"椭圆的定义和标准方程"这一课时，让学生根据已有的认识，试着说一些日常生活中见过或知道的椭圆物体。有的学生说西瓜、鸡蛋，有的学生也谈到了卫星飞行的轨道。教师随后抛出许多椭圆模型，其中就包括"神六"飞行轨道，通过多媒体演示给学生，以此创设生活情境，激发学生的思维，提升其自主学习的主动性和积极性。

需要注意的是，借生活情境引导学生做彼此的老师，要注意用学生非常熟悉的生活现象，要能激发认知冲突，尤其是要抓住学生在学习与成长中积累的、认识的、还不明确的知识。

3. 借动手情境激励

不同学科的教材涉及的知识都较为广泛，知识体系十分庞大，但知识学习的最终目的还是要迁移到实践应用中，方能体现知识的价值。因此在创设情境时，教师还可以借助于创设实践情境，让学生在实践中操作，从而有所收获，实现自我成长。

某物理教师在教学"静摩擦力"这一知识点时，让学生做了以下几个实验并提出了相应的问题。

1. 在班里挑选一名力气较小的女生和一名力气较大的男生，让他们二人进行拔河比赛，结果力气较小的女生赢了。

思考：通过比赛结果你们能得出什么结论？

2. 在班里选出一名学生，让他用力推铁质讲桌，发现讲桌没有动。

思考：你们从中受到了什么启发？

3. 让全班学生都用两根手指将自己的物理课本夹起来，举起手，使物理课本悬停在空中，体会一下手的感受。

思考：结合课本的受力情况，思考静摩擦力产生的条件是什么？

这样一来，学生在做各种有趣的实验中，对实验现象产生的原因进行自主思考，增强了探究欲望，为"静摩擦力"知识点的进一步学习奠定了基础。

总之，让学生做老师，就要在课堂教学中利用一切可利用的手段，努力创设吸引人、感动人的情境，引导学生自己去体验、去发现，并能主动参与、积极探索，寻求答案。在这一过程中，学生的自主学习意识和能力必将得到有效培养。

二、创设平台，促进自主学习的开展

基于核心素养培养的课堂教学，除了要以情境激发学生自主学习，还要为学生创设平台，以促进其自主学习。这里创设的平台，为学生思考、探究、发现、创新提供最大的空间，给予学生选择方法的自由，从而达到有意识地引导学生自主选择，鼓励其运用有效的方法学习，指导其不断地优化学习方法，努力提高学习效率的作用。

1. 创设融洽、和谐的自主学习环境

课堂是教与学双边活动的主阵地，要促进学生自主学习，做自己的老师，需要教师营造良好的课堂教学氛围，培养学生的创新精神。为此，教师要尽最大努力为学生创设一个充满关爱、平等自主、尊重个性的学习环境，支持学生发表不同的意见，鼓励学生积极探索，为创造性人才成长营造良好的氛围。

一方面，教师要注意创设具有"人文"特色的课堂硬环境，抓住学科知识特点，让学习过程具备互动性，从而让学生在优质的课堂学习环境中学习。另一方面，教师要营造"人性化"的课堂软环境，创设一个情理交汇、心灵交融、充满"人性"的精神环境，让学生借助良好的氛围、和谐的人际关系，进行发自内心的、真正意义上的主体参与式自主学习。比如对学生的学习要多鼓励，当学生回答问题后，不是简单地给予否定或肯定的评价，而是鼓励学生多问"为什么"，引导学生说一说是"怎么想的"，使之养成不懂就问的习惯。

这样一来，学生因为学习兴趣的浓厚，就会愿意多思考、多提问，从而更多地感受到成功的喜悦，更能做彼此的老师，更能积极主动地探索学科知识，促进其自主学习意识的形成。

2. 精心设疑，搭建自主学习平台

教学过程就是在教师的引导下学生发现的过程，要求学生主动地进行学习，强调要自我思考和探索事物。因此，学生做彼此的老师，进行自主学习必须是在教师的指导下进行的，并非放任的自我领悟，即学习是在正确的学习目标指导下

进行的自主学习，而教师的引导则起到点燃学生求知的欲望、触动学生思维交流的作用。在这一过程中，设疑起到了搭建学习平台的作用。

首先，教师要根据教材的重点、难点及知识的迁移和拓展来设计问题、提出问题，要围绕教材，联系生活实际来设疑，以激发学生参与探讨问题的兴趣，使学生用课本知识解决实际问题，从而有效地延伸课堂教学。

其次，教师要依据学生间的差异，因材施教进行设疑。为此，设疑的时候要注意难易梯度，借助于由浅入深的问题链，带动后进生的学习积极性，激发优秀生的求知热情，培养其关键品格。

某教师在教学《师恩难忘》一课时，将学生提出的"为什么说教师的教诲之恩，我终生难忘"问题，分解设计成如下问题。

1. 文章主要讲了田老师的什么事情？
2. "我"喜欢听他的课吗？你是怎么知道的？
3. 课文中哪些内容写出了"我终生难忘老师的教诲之恩"？

这样分解后形成的 3 个问题，由浅入深对应着不同层次的学生，使之可以发挥各自的能力，参与问题的解决，从而为学生的学习搭建了平台。

3. 教会方法培养学生自主学习能力

埃德加·富尔所著的《学会生存》一文中指出："未来的文盲不再是不识字的人，而是没有学会怎样学习的人。"由此可见，培养学生的能力，教会学生学习，使之树立"终身学习"的观念比传授知识更为重要，因此要让学生做彼此的老师，教师就要善于"授之以渔"，引导学生掌握"织网""捕鱼"的方法，进而使自己在知识的海洋里获取无穷无尽的"鱼"。

预习是许多教师在教学中指导学生学习的一个环节，魏书生老师指导学生预习时，就有一套不错的方法。他不仅指导学生做课前预习，还指导学生进行单元预习，进行学期前一册书的预习。在预习前，他会让学生明确预习内容，教给学生预习方法，同时注意及时进行预习检测。比如寒暑假前，他会将教材发给学生，让学生在假期预习，开学的第一天便进行"期末考试"，即进行全册书的预习检测。这样的做法，不但便于学生进一步明确自己本学期要学的知识体系，而且便于其在学习过程中更好地抓住关键，突破难点。

在这个案例中，魏书生老师的做法，就是传授学生学习的方法，进而促进其自主学习。

总之，一节好课，并非教师教学生多少，而在于学生自己学了多少、学会多少。教师给学生指出一条路，学生就能循此路径去探索思考；教师给予学生一点启示，学生就可以有的放矢地去拓展知识；教师引导学生归纳一些方法，学生就可以举一反三地去实践运用。这样才是更利于学生自主学习的关键所在。

4. 组织综合性学习构筑自主实践平台

在教学过程中，教师有意识地组织并开展综合性学习活动，为学生搭建自主学习的平台，进而拓宽其学习空间，增加其实践的机会，促成知识向能力的迁移和转化。

某语文教师在教学"到民间采风去"这一综合实践活动时，引导学生自己讨论设计出活动方案。

一是通过网络、书籍等方式寻找端午节起源的说法，把找到的资料整理到综合实践活动记录本上。

二是采访身边的长辈，调查有关端午的民俗活动，将采访的有关资料整理，选择其中最感兴趣的一项记录在综合实践活动本上，要求能详细地描述这项民俗活动的经过，适当介绍端午的起源、所蕴含的意义以及涉及的物品，表达自己对民俗的看法等，进而在课堂上结合有关图书和课件进行民俗活动介绍。

三是学生先搜集有关端午节的文学作品、诗歌、民谣等，并联系自己的生活实际去品味这些蕴含乡土生活气息的文字，将其整理在综合实践活动记录本上，然后在课堂上展示。

四是学生每人带来自己扎好煮好的粽子，以"吃粽子、话粽子"的形式来纪念端午节。

这样一来，这些丰富的实践活动增长了学生的知识，开拓了学生的眼界，培养了他们克服困难、战胜挫折的信心，提升了他们解决实际问题的能力，达到了促进学生自主学习的目的。

需要注意的是，借助综合性学习活动促进学生自主学习时，一方面需注意在学生在感兴趣的活动中培养自主探究、团结合作、创新实践的能力；另一方面要注意在活动中培养学生的选择能力，使学生能在教师的引导下主动自学，进行个性学习。

三、激励评价，唤起自主学习的动力

心理学研究表明，人类在本质中最殷切的需求是渴望被肯定，因此体验成功会使学生收获成功的喜悦，唤起学习的内驱力。这是发挥学生主体作用的动力。为此，教师在教学中，要注意给予学生激励性评价，使之体验学习的愉悦，进而激发自主学习的动力。

1. 用嵌入性评价激发学习动力

要使评价真正发挥形成性功能，应当与学习一体，即学习与评价同时发生，进行嵌入性评价。当评价嵌入教学过程之中时，评价就成为教师即时收集学生学习的信息，进而成为教师调整自己教学和学生学习的依据，从而让教学和学习更切合学生的实际，激发学生的学习动力，促进其自主学习，做彼此的老师。

表 2-1　"探索正方形的特点"评价

目标（任务）	活动	嵌入式评价
探索正方形的特点	剪一刀，使一个正方形变成两个形状、大小一样的图形。	1. 可以分成大小、形状相同的两部分。(+1) 2. 找到 3 种以上的方法，通过折一折等方式，发现它们的共同点，做出总结。(+2) 3. 能够结合本问题，对其他图形提出假设并验证。(+3)

在表 2-1 案例中，学生的学习任务是"探索正方形的特点"，要参与的学习活动是"剪一刀，使一个正方形变成两个形状、大小一样的图形"，要解决的问题是"你能想出几种问题解决的方案"。其中，嵌入式评价的表现与学生探究活动和解决问题的过程同步，例如，可以分成大小、形状相同的两部分，得 1 分；

找到 3 种以上的方法，得 2 分；能够结合本问题，对其他图形提出假设并验证，得 3 分。借助于这样的评价，唤起学生的学习动力，使之不断深入探究，自主学习，不断成长。

2. 用多元评价提升自主学习的程度

要让学生自主学习，做彼此的老师，还要注意运用多元评价提高学生自主学习的程度，从而提升其对知识、技能的把握能力。

具体来说，教师可以针对学生自主学习程度，采用多元化的评价，唤起学生的学习内驱力，促进其自主学习。这些多元评价包括教师对学生的评价、学生的自我评价及学生之间的相互评价。在评价过程中，教师与学生是合作的关系，教师主要发挥指导学生自评的作用，学生则是自主学习过程及评价过程的主体，在教师的指导下逐渐实施自我监控和自我评价，从而养成对学习的责任感，提升学习过程的计划、组织、协调能力，将评价标准逐渐内化为自主学习的努力方向，促使自己在学习中发挥出自觉性和主体性作用。

某教师在三年级上学期，针对背诵这一学生掌握基础知识、培养语感的重要的学习方式上，设立以"集中背诵"为教学目标的课型，并以游戏的方式实施多元评价。

教师提前一周通知学生将在课堂上开展"王者之位"的游戏，学生需要背诵的内容以及游戏规则。上课后 20 分钟，将在讲台上设立 5 个"王者座位"，根据提供的背诵内容，前五名能接受教师抽查并熟练背诵的学生就可以坐上"王座"，当 5 个"王座"满员后，其他同学就可以到 5 个"王者"处接受检查。

在布置游戏前，这位教师引导学生在课前进行自主复习。这一评价方式实施后，学生对背诵有了兴趣，尤其是坐上"王座"的几个学生，在后期的背诵中信心满满，充满自豪感。如此反复，"王者"人数不断扩大，尽管需要背诵的内容不断扩展，但学生愿意为了"王者之位"而自主准备，用都能认同的规则对获胜者进行评价。

这个案例中，多元评价发挥了促成教学目标达成、促成学生自主学习的作用。在多元评价的过程中，学生的自主学习程度提升了，课堂教学变得轻松有序，学生的能力获得了相应的提升。

主题 4

实施体验式教学

体验是一个过程性的行为，一方面表现在学生通过亲身实践获得的感受，另一方面表现在学生受到外部事物的相应影响。当体验与教学相遇，学生成为课堂的中心，在自主活动中获得相应的情绪感受，提升相应的知识与技能，获得素养的提升与发展。

一、认识体验式教学

所谓体验式教学，指的是以学生为主体，以尊重学生的认知规律为前提，以创造或重复生活情境为契机，以活动为载体，以呈现或再现教学内容为平台，让学生通过自己的感受去领悟知识，在经历与体验中建构知识、培养能力、形成感悟，再回归实践的教学模式。

1. 教学理念

体验式教学是以"全人教育"理念为指导，从学生的个性化学习需求和终身性发展需求出发，把学生的"接受性"学习变为"创造性"学习，让"外驱式"学习变为"内需式"学习，让"苦修式"学习变为"愉悦式"学习，从而达到促进学生知识、能力和素质的全面发展。

2. 教学特点

相较于传统的教学模式，体验式教学具有如下特点：一是强调师生的发展性，即在体验式教学中师生之间是互动关系，因此有利于学生学习能力的提高和潜能的发挥，也有利于教师理论水平的提高；二是突出学生的主体性，即在体验式教学中，学生是学习的主体，教师是教学情境的构建者和协助者，学生在教师创设的情境中主动学习，获得发展和提升；三是注重教学的实践性，即体验式教学为学生提供了一个运用知识的空间，使学生进入现实环境，在思想交流之中学习，促成知识的迁移、能力的转化。

3. 教学要素

大卫·库伯总结了体验式教学的4个要素：一是对身边的事物有详细具体的自身体验；二是观察与反思，对体验和经历进行总结、归纳及分析，最后进行评判性思维的探讨；三是对生活中所看到的事物及思考的问题进行整合，形成抽象的概念；四是将归纳、总结的理论应用于实践生活中，对一些概念性的意义进行实践性检验。

二、体验式教学的实施路径

这是教科版物理教科书第三章第一节"认识声现象"的体验式教学片段。

表2-2 案例："认识声现象"体验式教学片段

教学内容	教学活动	学生活动
新课导入	通过举例早晨起床的闹钟声、路上汽车的鸣笛声、同学之间的谈笑声等，引出"声音"，讨论生活中还有哪些声音，并引出问题：声音是怎样产生的。利用学生生活中的常见事物对声音进一步学习。	感受不同的声音并讨论。
新课教学	（一）声音的产生 　　声音虽然在日常生活中比较常见，但它们是看不到摸不着的，对于学生来说是比较抽象的，利用多媒体课件展示与声音有关的图片并播放声音，让同学们猜测是什么在发出声音。同时通过课堂小实验，感受说话时喉咙的变化和拨动直尺观察现象，描述实验的现象，引导学生总结归纳出共同的特点。 　　总结特点，引导学生概括出声音是由物体振动产生的，让他们举出现实生活中的声音与发声体的例子。让学生独立思考，积极讨论，并对力的产生条件有所了解。	在教师的引导下感受现实生活中的声音，讨论、总结、归纳声音的产生条件。

教学内容	教学活动	学生活动
新课教学	（二）声音的传播 　1. 声音的传播途径 　以水波为例，类比出声音的传播方式。引导学生得出声音是以声波的形式在空气中传播的。 　2. 声音的传播条件 　得到以上结论后提出问题：声音的传播是否需要条件。思考片刻后同学间讨论。多媒体展示上课时同学能听到声音、人在水里能听到声音和敲桌子能在另一边听到声音的图片，帮助学生总结归纳出声音的传播条件。 　播放电铃的相关视频并提出问题： 　（1）实验开始前，电铃的声音是怎样的？ 　（2）实验过程中，电铃的声音有何变化？ 　（3）最后能否听到电铃声？学生观看视频后思考问题，并描述观察到的现象。	参与课堂实验并描述现象，总结出声音的传播方式及声音的传播条件。
新课教学	（三）人耳的听声能力 　多媒体展示人耳的听声系统，并与同学共同讨论得出人耳听到声音的过程。学生的回答可以引出频率的概念。 　频率的概念：在物理学中，物体1秒内振动的次数。学生对频率的概念比较陌生，可以通过实际的例子拉近频率概念与学生之间的距离，如一秒内，物体振动50次的频率是50赫兹；一分钟内，物体震动3000次的频率是50赫兹。接着再提问：是不是所有频率的声音都能被人耳听到？由此即可引出，人耳的听声范围20~20000Hz。小于20Hz的称作次声，而大于20000Hz的则称作超声。	学生描述：通过发声体振动发出声音→声音体以波的方式向周围空气中扩散→引起鼓膜振动→听小骨→听神经→大脑等。在教师的指导下，掌握频率的相关知识。
小结	总结本节课所学内容，加深学生对本节知识的掌握。	在教师的引导下回顾所学知识。

专题二 让学生成为课堂的中心

从节选的片段可以看到，体验式教学主张以学生为中心、活动为中心、经验为中心进行施教，因此在实施路径上，采用了如下几个步骤。

第一步：明确目标。

体验式教学的成功实施，首先依赖于教师和学生的共同认识，因此在课程开始要让学生明确学习的目标，使学生在正式开始学习前就清楚地知道自己在今后学习过程中要做什么、如何做，以及这样做的原因，从而为教学的顺利开展奠定基础。

第二步：转变角色。

在明确目标的前提下，师生双方都要主动完成角色转换，即学生成为学习的主角——信息加工的主体、知识意义的主动建构者、学习和体验活动的主角；教师则从知识的传授者、灌输者转变为学生主动建构意义的帮助者、促进者。

第三步：落实体验。

在体验式教学中，教师的主要任务是根据课标和核心素养的培养目标设计和布置不同主题和层面的体验任务，明确任务和进度要求等，同时明确监督检查规则和评价评分标准。学生则以小组合作的方式，按学习进度完成相应的体验任务，也就是进一步自行设计和确定选题、制订计划、落实分工、开展活动、总结反思、提交成果。

第四步：提供指导。

体验式教学突出以学生为中心，强调学生的主动体验，但在这种自行体验的学习过程中，学生必定会迷茫、困惑或遇到各种困难或挫折，此时教师就要给予适当的指导，帮助学生提高参与的信心、学习的效率和效果。要注意的是，教师的指导要具有针对性，同时还可以伴以相应的检查、提醒、点评。

第五步：总结反思。

这一环节是体验式教学中的升华，学生通过体验活动促进了知识的学习和运用、能力的锻炼和提升、智慧的获得和启迪。学生在体验的过程中不断进行总结和反思，既是对实践活动的总结和反思，也是对教材、思维和行为、课堂行为等进行反思，当然也包括对教师给予的评价的反馈。

三、体验式教学的实施策略

从上述案例中可以看到，体验式教学从与教学内容相关的生活实例入手，通过举出生活中的实例以及引导学生参与课堂活动，给学生留下深刻的印象，创设可供学生体验的情境，让学生获得直观的认识，并且经历描述、归纳总结及感知等过程，促进其对知识的进一步学习，使之对知识与技能有了更全面的认识，进而有效培养学生的能力与素养。在具体实施过程中，可以采用以下几种策略。

1. 以情境引发体验

体验必然是在一定的情境下发生的，因此教师要实施体验式教学，就要为学生构建一定的情境，使学生在"浸润式"教学氛围中主动思考、探究和交流，从而引发其体验。通常的情况下，依据学科和教学内容的不同，教师可以采用的构建体验式教学情境的方式包括以下几种。

一是以视频素材烘托教学氛围。视频素材是光、影、声、形的综合体，因此可以在视觉和听觉上给予学生冲击与刺激，激发学生的情感，引发学生的共鸣。二是教师用绘声绘色的语言描述情境，帮助学生在头脑中构建一个情境，进而身临其境地思考问题和解决问题，达到体验的目的。三是以现实的生活情境引发真实体验。

某高中教师在采用体验式教学方式教学"等比数列"时，用视频资源制作了"龟兔赛跑"的故事，创设体验情境。乌龟和兔子赛跑，兔子醒来时，乌龟在它前方 1 千米处，兔子的速度是乌龟的 10 倍，当它追到 1 千米处时，乌龟又向前爬了 0.1 千米，当它追到 0.1 千米处时，乌龟又向前爬了 0.01 千米……求兔子醒来后，在同样时间内，乌龟和兔子各自前进的路程，问兔子能不能追上乌龟呢？

教师将学生熟悉的故事制作成视频，以创设问题情境，极大地激发了学生的学习兴趣，使其在有效掌握教学内容的同时，获得积极的情感体验。

表 2-3 的案例是某教师在讲解《早发白帝城》一课时，实施体验式教学的片段。教师运用现代技术手段，展示诗词中壮丽景色的情境，通过虚拟实景全景画面营造每一句古诗的意境，使学生体会作者的思想感情，感受祖国大好山河的壮丽，学习效果非常明显。

表 2-3 《早发白帝城》体验式教学设计

互动环节	呈现
课在画中	学生把讲台和座椅放置于指定的位置，教师走进教室，通过手中的平板电脑选择"互动教学"按钮，四周的电动投影幕自动放下，投影出《早发白帝城》古诗意境的虚拟影像空间。
画课互动	教师走到讲台上坐下，开始上课。当教师通过无线话筒朗读"朝辞白帝彩云间"这一诗句时，整个画面瞬间变幻成诗句对应的影像，学生完全沉浸在诗的意境中。教师也可通过平板电脑手写输入诗句进行解读，正前方的大屏幕自动弹出"电子白板"实时显示教师手写的内容。
师生互动	当教师提出问题后，学生只需举手挥动智能手环，教师即可看到屏幕上举过手学生的手环 ID 号，就可随机选择一名学生回答其提出的问题。通过互动问答方式，师生实现有趣的教学互动。
课课强化	教师可选择激光笔（替代教鞭功能），点击屏幕上不同位置的诗句，引导学生朗读，也可切换按钮，让学生观看对应诗句的动态视频画面，进一步强化学生的理解。
影音体验	待讲解完整首诗后，教师可通过平板电脑选择影音体验，将学生带入诗画中，与诗人一同乘小舟在诗句画面中穿行。通过观看古诗的完整视频动画，学生在轻松和快乐的环境中完成对《早发白帝城》的情景互动学习。

通常情况，视频情境偏感性与直观，文本情境偏理性与抽象，而现实生活情境因其立足于现实，最贴近学生当前的生活经验，因此在实际的教学中，教师要尽可能为学生营造现实的生活情境，以引发学生的真实体验。

2. 以探究深化体验

从本质上来说，"情境"是一种"外推力"，旨在引发学生的体验；而"探究"则是一种"内驱力"，旨在深化学生的体验。因此，教师为了实施体验式教学，还要在创设情境的同时，通过相应的途径促使学生进行探究，使之产生更深层次的思考与体验。

（1）借助于小组讨论引发学生探究

学生在交流与讨论的过程中会产生思想的碰撞，也会因此产生不一样的灵感，进而促进情感的交融，促使其产生更深刻的体验。因此，在教学中不妨尝试以讨论为契机，促使学生主动探究。

（2）以任务为契机引发学生的探究

学生在共同完成学习任务的过程中，不但会进行交流和讨论等活动，还会进行分析与综合、概括与总结等思维活动，从而将知识的学习与思维的训练相结合，进而深化体验。

（3）借竞技性、表演性等活动引发学生的探究行为

在竞技的氛围中，学生更容易克服日常中的羞怯、畏惧、懒惰等负面的性格因素和心理因素，全身心地投入活动中，从而产生更为真实而深刻的学习体验。下面的案例是某老师在讲解《地理》七年级下册"被砍伐的巴西热带雨林"时，实施体验式教学的片段。

授课伊始，陈老师先创设情境，用多媒体展示巴西热带雨林景观图及丰富的动植物资源。学生用心欣赏，很快被吸引住。继而，陈老师提出问题："巴西的热带雨林正遭受严重的破坏，怎样才能拯救巴西的雨林呢?"学生纷纷提出各种方案。在有效激活学生的学习热情后，陈老师开始布置任务：按照教材提供的角色，自由选择自己愿意体验的角色；将相同的角色组成一个小组，以便协作、交流及讨论；同时选出小组长，实行组长负责制。

接到任务后，学生各自挑选了自己喜欢的角色，迅速组成了相应的团队，开始讨论，由窃窃私语到激烈争论，声音越来越大。陈老师没有干涉，在一边安静地欣赏着。学生思维在碰撞中闪烁出睿智的火花。10分钟过去了，陈老师拍拍手掌说："好了，同学们，时间到了，我们来开一个新闻发布会，把你们的观点与大家分享。在每一个角色发表演说时，其他小组的成员可以充当记者提问，我当然也在其中做一名喜欢问问题的记者。"学生自信地微笑着，都想把自己的组

长推出来发言，陈老师补充道："不一定要组长，谁都可以当发言人，只要你有勇气和信心就足够了，老师给你一个展示的舞台。"有的学生在同组学生的鼓励下，羞涩地承担起了任务。

首先，一个男生站上讲台（掌声突然响起），他不好意思地搔搔脑后，说了起来："我代表当地居民组，感谢大家参加这场别开生面的发布会，我们虽然有大面积的热带雨林，砍一些树可以增加经济收入，但把树砍光了，我们的子孙后代又怎么办呢？（随后拿出一幅《小鸟的悲哀图》）请大家看看这幅图，巴西堪称'动植物王国'，若没有了雨林，动物的生存也将受到威胁，何况是我们的子孙后代呢！所以，我不支持砍树。"他刚停顿片刻，有一位同学突然举起手来，他站起来说："当地居民同志，我是新华社记者（有的同学为他的幽默相视而笑），请问巴西居民经济状况很差，生活难以维持，为什么就不能靠砍树来缓解这种困境呢？"正当大家紧张之际，这位同学继续自信地说："巴西虽拥有世界最大的热带雨林，砍树有助于带来经济效益，但一棵树的成长时间是相当漫长的，而人口的增长是相当快的……"

为了把握好时间，陈老师及时提示："非常感谢记者的提问，希望'当地居民'的回答能使这位记者满意。下面请政府官员组的同学发言。"

"政府官员"从容地分析了巴西热带雨林砍伐的利与弊。话音刚落，又有一位"记者"站起来提问："政府官员，你到底是支持当地居民，还是支持开发商呢？""政府官员"一时语塞。这种情境让陈老师有点出乎意料，但这位学生处变不惊，思考片刻，从容地回答说："这位记者问得非常好，我们政府既要注重经济效益，也要注重环境效益。"

教室的气氛越来越活跃，大家开始七嘴八舌地为巴西的热带雨林献计献策。"开发商"组坐不住了，"开发商"代表又走上讲台，提出了他们的看法："我们有雄厚的资本，可以帮助巴西人们走出生活窘迫的境地，这是一件非常有意义的事。巴西也可以从此摆脱贫穷的面貌。""但是开发商也不留余地地拉走了所有的木材。"几个有"正义感"的"记者"沉不住气，开始发难起来。"开发商"有点儿招架不住，只好回到座位上。

学生热烈地讨论着，陈老师惊叹于他们视野开阔、知识面宽广、分析问题透彻。

最后一位发言的是"世界环保组织官员":"如今我们看到的只是眼前大片的热带雨林被砍伐后可以提高经济收入,但森林的作用除了经济作用外,不能忽略的是森林可以制造氧气、防止水土流失、为动物提供栖息地。因此,我们要更好地保护这片热带雨林,让它为世界做出更大的贡献。"

在这里,学生的体验是在角色表演的探究活动中获得的,体现了教与学的开放性。在角色扮演活动的实施过程中,学生根据自己的体验、兴趣及掌握信息的程度选择角色,在小组讨论中充分发表自己的见解,在交流中不断得到他人的信息,不但培养了能力、训练了思维,还克服了害羞的心理障碍,增强了自信心。可以说,在这一过程中,学生获得的体验是积极向上的,体现了以学生发展为本、把创新精神的培养置于重要地位,有助于增强学生的学习能力,利于核心素养培养目标的落地。

3. 以实践升华体验

实践是检验真理的唯一标准,也是升华学习体验的唯一途径。因此,体验型教学还可以通过让学生参与实践活动,在活动过程中进行知识建构、体验相应的文化、形成相应的学科素养。为此,在教学中,教师可以依据学科特点和学科内容,带领学生开展实践活动,以升华学生的学习体验。在核心素养和大单元教学下,这种实践活动是以项目化学习的方式进行的。

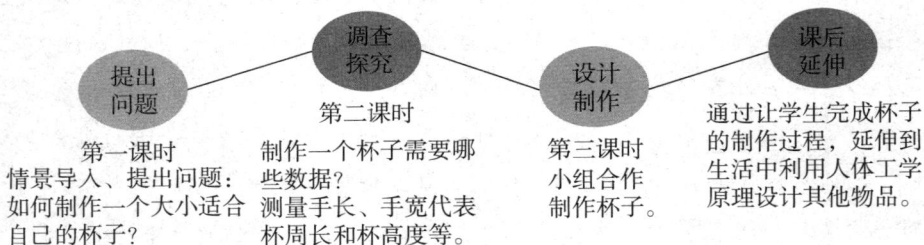

提出问题
第一课时
情景导入、提出问题:
如何制作一个大小适合
自己的杯子?

调查探究
第二课时
制作一个杯子需要哪些数据?
测量手长、手宽代表杯周长和杯高度等。

设计制作
第三课时
小组合作制作杯子。

课后延伸
通过让学生完成杯子的制作过程,延伸到生活中利用人体工学原理设计其他物品。

图 2-1 某学科项目式学习活动流程

图 2-1 是某数学教师以"如何制作最适合自己的手握小水杯"为驱动问题,组织的项目式学习活动。

这一活动涉及数学、手工、科学、美术多个维度的学习,通过创设和实际生活相符的情境"一家三口用不同大小的杯子,大人用大杯子,孩子拿小杯子"

来进行导入，充分调动学生的积极性，激发学生学习兴趣，使学生初步感知杯子的大小和手的大小有关，从而获得真实的体验。

需要明确的是，组织学生以项目化学习的方式进行体验式教学，就是以学生为中心完成一个完整的实践性项目而进行的教学活动，旨在让学生运用已有知识和经验，通过亲手操作，在具体情境中解决实际问题，进而促进其综合能力的发展。在设计中，可以将项目设计为排除一个障碍、提供一项服务、解决一个或一系列问题等，也可以将其设计为前面三种类型的综合应用，重点在于让学生在科学、社会实践活动和研究性学习活动中体验，发展其解决的复杂问题能力和创新高阶思维的能力。

要注意的是，教师在设计实践活动时要本着利于学生积极、主动、全面参与的原则，明确自己的定位仅是一个参与者、引导者，而不是将自己的体验强加给学生，更不能追求体验的一致性，以正确对待学生个人生活经历、知识积累、个性兴趣存在显著差异的情况。

专题三
将学习任务多样化

要创设学生高度参与的课堂，还要注意通过多样化的学习任务，激发学生的学习兴趣，唤起其强烈的学习意愿，使其获得良好的学习体验，从而促成核心素养培养目标的落地。为此，教师要注意学习任务的生活化和趣味化，设计自主性和实践性的任务，基于项目开展项目化学习。

主题 1

学习任务生活化和趣味化

学习是一件持续而持久的过程。研究表明，学生在课堂学习的过程中其持久且有效的学习时间是有限的。因此要让学生高度参与课堂教学，就要注意让学习变得更加有趣与有效，要借助于情境创设和形式变化，这是促成学习任务生活化和趣味化的重要手段，也是指向学生核心素养培养的重要的抓手。

一、拓展学习内容

学习是一件枯燥的事情，要想让其吸引学生，就需要将学习内容变得多样化，使学习变得更加有趣，从而提高学生的学习积极性。为此，教师可以通过丰富学习内容来增加学习的趣味性，从而打破枯燥、乏味的教学局面，激发学生的学习兴趣，唤起其学习热情和内驱力。

1. 借助课内课外整合

生活即教育，社会即学校。要拓展学习内容，教师就要突破课堂教学的空间界限，将学科知识与学生的生活实际紧密联系起来。

某教师在教学统编小学语文教材六年级下册"民俗风情"单元之前，要求学生利用春节假期完成探究性任务。

1. 通过细心观察、咨询长辈等方式，了解、整理家乡过春节的风俗习惯，用手抄报或绘画的形式展现出来。

2. 上网搜集或阅读书籍，了解各地有代表性的民俗风情，再以时间为轴，整理中华大地上多彩的民俗文化。

这样一来，借助于这两个学习任务，学生不但养成了课前查阅资料的习惯，而且有足够的时间观察、感受家乡的民俗风情。在阅读与实践的过程中，对家风、习俗等传统文化有了更深的理解，从而深化了传承意识与行为。

2. 实行多学科融合

2022版新课标对跨学科学习任务群提出明确要求，即要求教师在教学中要关注学生综合运用多学科知识思考问题、解决问题的态度和能力。因此，教师要激发学生的学习兴趣，不妨将某一学科与其他学科相结合，让学生在各学科知识融会贯通、综合运用的过程中感受到学习的乐趣。

某教师在教学教科版小学科学教材六年级下册第一单元"微小世界"时，为了让学生了解更多有关微生物的知识，为学生设计了整本书阅读任务，即阅读高士其的《菌儿自传》，并完成"菌在旅途"学习单，探究奇妙的微生物世界。这一设计囊括了语文和科学两个学科任务，让学生在阅读实践活动中加深了对科学知识的理解。于是学生带着明确的学习任务置身真实的学习情境中，表现出浓厚的学习兴趣，培养了解决实际生活问题的能力，提升了核心素养，各方面得到综合发展。

3. 进行大单元整体设计

要让课堂充满吸引力，激发学生的学习兴趣，在学习任务多样化前，教师还要拓展学习内容，进行大单元整体设计。教师要围绕相应的学习主题，着眼于大单元，将同一学科的前后单元甚至上下册的知识结构化，找出不同学科之间的融合点，并依据它们之间的联系设计多样化的学习任务，促使学生走向深度学习。

图3-1是某语文教师在教学二年级语文上册第四单元时实施的大单元设计。

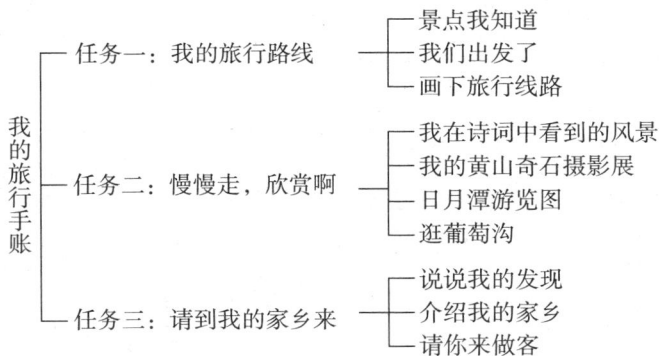

图3-1 某课时的大单元教学设计思维导图图示

从设计中可以看到，整个单元围绕"我的旅行手账"设计了大单元学习任务。其中，根据第三个任务"请到我的家乡来"设计了"说说我的发现""介绍我的家乡""请你来做客"3个关联紧密的活动。可以看到，整合后的大单元学习内容被拓展，学生在完成具体任务的过程中，其学习动力被激发，积极主动地进入学习状态。

当然，除了从以上几个角度，教师还可以通过视听资料、多媒体介质来实现。比如，通过画面、视频、音频等多种方式去呈现学习内容，既能够增加学生的学习兴趣，又能更好地帮助学生理解和掌握知识。

此外，学生之间的交流和比较也可以加强学习内容的多元化。同学之间可以互相分享学习技巧、心得体会、感想，也可以互相学习和校正，进行丰富的交流互动，从而更好地培养学生的思维能力和学习态度。

二、基于真实情境设计学习任务

要让学习任务生活化和趣味化，教师要注意让学习与生活联系起来，让学生将学科知识与生活联系起来，以提升其学习兴趣，拉近学生与知识间的距离，从而使之学得主动、学得轻松。

1. 创设生活化情境

指向核心素养的教学，要培养和提升学生面对真实、复杂情境解决问题的能力，因此要基于真实情境设计学习任务，体现任务的生活化和趣味化。教师在创设学习情境时要与学生的日常生活紧密关联，以生活中可能遇到的事件或问题作为情境的内容。当学生置身于真实的学习情境中，就能真正体会知识的价值，进而产生强烈的求知欲和明确的学习目的。

某小学数学教师在教学"长方体和正方体的表面积"这一知识内容时，为学生设计了一个生活中常见的折叠快递纸箱的情境。教师为学生准备一张白纸板，并告诉学生这张白纸板的面积。现在要邮寄一箱水果，已知水果的体积，学生要根据水果的体积，计算这张纸板能否折叠出装得下这箱水果的快递箱。学生分成小组，针对这个问题展开讨论，自主探究长方体表面积公式。

在这个案例中，教师就是借用生活元素构建以生活为背景的情境，将数学知识与实际生活相联系，让学生在生活化的情境中学习数学知识，提高课堂教学质量的同时，也使学生对数学知识进行了更深的理解。

2. 创设趣味化情境

学习情境的创设要符合学生的认知规律和心理特点。针对不同年龄的学生，教师要让学习任务趣味化，还要在生活情境下，给学生想象的空间、活动的快乐，为其创设有趣的学习情境，激发其好奇心，让其思维能力得到发展和提升。

某教师在教学统编小学语文教材六年级下册第五单元"他们那时候多有趣啊"时，创设了如下情境"随着科学技术的发展进步，人类的很多梦想都变成了现实，或许人类有一天真的能实现时光穿梭。今天让我们乘坐'畅想号'时光飞船穿梭到未来，去看看我们孙辈是如何谈论他们祖辈（我们）的学习生活的。"学生在听到自己成为"祖辈"时都忍不住笑了。在轻松愉悦的氛围中，他们带着强烈的好奇心阅读课文。课堂接近尾声时，教师引导学生想象未来的校园生活还可能有哪些变化，以培养学生的想象力。课后教师推荐学生拓展阅读科幻作品，如刘慈欣的《三体》《流浪地球》，让学生继续进行"奇思妙想"之旅。

3. 创设复杂化情境

生活本身就是纷繁复杂的，源于现实生活的学习情境要将这种复杂性保留下来。如果教师只是借助书本知识来教导学生，学生会很难理解，尤其涉及复杂的关系，就更难实现有效的学习。为此，教师要注意创设复杂化情境，从而培养学生理性分析、思辨的能力。

某教师在教授初中政治"遗产继承"这节课的时候，引入某法律栏目中关于继承遗产的事件。在这个事件中，涉及的人物关系错综复杂，有男主人公和前妻、现妻的婚生子女、非婚生子女及男主人公的长辈，他们都可能涉及遗产的继承顺序问题。由于这一案例在遗产继承知识中是比较典型的，所以据此创设的复杂情境锻炼了学生分析、解决复杂问题的能力，使其思辨能力得到有效培养。

三、变化思维设计学习任务

学习任务是达成学科教学和学习目标的载体和方式。要创设学生高度参与的课堂，让学习任务生活化和趣味化，教师还要注意变化思维，多角度设计学习任务，将新旧知识联系起来，让已有的知识经验与当下的学习联系起来。

1. 从学习情境的角度设计

学习情境的创设是以让学生充满期待、积极主动参与任务解决为目的，因此在一定维度上可以结合现实生活中的真实问题，从学习情境的角度设计学习任务，使基于核心素养培养的驱动力被唤醒、整合力的培养目标得以完成。

某教师在教学北师大版小学数学五年级下册"确定位置"这一单元的内容时，围绕大单元教学，借助一则"船只在风浪中遇险，救援船海上救援"的新闻作为情境，设计了"准确、快速确定遇险船在救援船的什么位置"的任务，要求学生描述救援船和遇险船的两点位置。这样的情境，既与生活事件紧密相关，又极具探险性，符合学生的兴趣方向。此学习任务体现了生活化和趣味化的完美融合。

2. 从任务分解的角度设计

为了唤起学生的学习力，促进学习任务生活化和趣味化，教师还可以在设定核心任务后，将任务进行分解。学生通过一步步完成子任务，进而完成核心学习任务。这里的分解任务，是为了让任务逻辑清晰、层次递进，体现出不同层次学习目标的内在联系。

子任务1：共读《神龙寻宝队》。

任务说明：自主阅读《神龙寻宝队》，针对1~3部梳理故事情节，从人物、场景、装备、险情、应对等角度分析这个探险故事。运用故事山、思维导图或表格分析一个探险故事，进而产生构思和创作一个惊险刺激的探险故事的兴趣。

子任务2：探秘他们是怎样思考的。

任务说明：通过表格梳理本单元三篇课文《自相矛盾》《田忌赛马》《跳水》

和补充文本《郑人买履》中人物的思维过程，对人物的思维进行评价并思考从中获得的启示。交流讨论当自己构思的探险故事中的人物遇到困难和挑战时，其行动背后有怎样不同的思维过程，结果有什么不同。

子任务3：创作一个探险故事，举行探险故事分享会。

任务说明：用1~2周进行自主构思和撰写，创作出一个字数不限的探险故事；运用从语文园地"词句段运用"中学到的修改思路等；"出版"自己的探险故事（包括推荐语、封面设计、插画设计等），在班内分享。

上述3个子任务，是五年级语文下册第六单元以"思辨性阅读与表达"为核心任务的子任务分解，围绕着"思维指导行动，理解故事中人物的思维过程，能够加深对故事的理解"这一大概念，引导学生由浅入深地理解内容，且极富趣味性。

3. 从内容整合的角度设计任务

整体是由事物的各内在要素相互联系构成的有机统一体，体现其发展的全过程。学习任务的生活化和趣味性，是建立在对学习内容整合的基础上，将其作为一个整体来学习的。因此在设计学习任务时，要依据不同的教学单元（内容），确定不同的主题，在核心概念下进行横向和纵向的动态整合，进而设计学习活动，使之呈现生活化和趣味化的特点。

下述案例是进行鲁科版化学必修1"一种重要的混合物——胶体"的教学时，在极具生活化和趣味化的情境中设计的学习任务。

探究任务1：认识分散系及其分类。

【生活情境】（展示图片）阳光形成的光柱、豆浆、牛奶。生活中的某一天，你起床后去公园散步，走在树林中，阳光从树叶缝隙中洒下，打在身上，温暖极了；回到家里，妈妈已经准备好了早餐，牛奶、豆浆散发出浓郁的香味，配上香酥的现炸油条美味极了。

【学科问题】你知道这一道道美丽的光束是如何形成的吗？从物质分类的角度看牛奶和豆浆有什么共同特点呢？这都和我们今天学习的一种重要的混合物——胶体有关。

探究任务2：胶体的性质——丁达尔效应。

【生活情境】放学回家，爸爸泡了一杯浓茶陪你聊聊学校的趣事。浓浓的茶香沁人心脾，澄清透明的茶水属于我们今天学习的哪种分散系呢？

【学科问题】茶水在外观上是均一透明的，仅从外观上判断很难辨别其属于哪一类分散系，是否有简单的方法区分溶液和胶体呢？

探究任务3：胶体的性质——聚沉。

【生活情境】（展示图片）豆腐、皮冻、凉粉、水果布丁。中午的餐桌上妈妈准备了几道家常小菜，消除你一上午的疲惫！烹饪这些食物的食材和我们今天学习的胶体有着密切联系。

【学科问题】（1）为什么豆浆可以稳定存在，而通过煮浆、点浆之后，就凝结成豆腐花了呢？（2）石膏可以用来点浆，除了石膏还可以用什么物质来点浆呢？

探究任务4：胶体的性质——渗析。

【生活情境】（展示图片）咸鸭蛋和带有内壳膜的鸡蛋。妈妈把腌制了半个多月的咸鸭蛋拿出来品尝，流油的蛋黄让人垂涎欲滴。

【学科问题】图中鸡蛋蛋液不会流出，而吃的鸭蛋却可以腌制变咸，这些现象说明什么？

探究任务5：胶体性质的应用——生活现象解释。

【生活情境】（1）甜豆浆、咸豆浆。（2）高压电除尘。（3）手电筒晚上照明产生光柱。（4）$FeCl_3$溶液可用作伤口止血等。

【家庭实验】给学生布置在家里"自制豆腐"的活动，并要求学生拍照或实物展示。在这个过程中，学生表现出很高的积极性。例如，有学生发现也可以用厨房里的白醋点豆腐，还有同学向豆浆中打入鸡蛋做出了金灿灿的鸡蛋豆腐，甚至还有同学由于磨的豆浆比较稀，做出了豆腐脑。

从任务的内容可以看出，教师整合教学内容，抽提出生活情境下蕴含的化学核心知识或核心概念，并将生活情境素材包装下的核心知识或概念设计成学科问题、形成学习任务供学生探究学习，最终学生在解决生活问题的过程中实现学科能力的提升。这样的任务设计是在对教学内容进行充分整合的基础上完成的。

主题 2

设计自主性和实践性任务

学习任务多样化，除了表现在学习任务的生活化和趣味化上，还表现在学习任务具有的自主性和实践性特点上。为此，教师要紧扣教学目标和学习内容，强调学生在"做中学"，设计自主性和实践性任务，以激发学生的学习兴趣，使之乐学、爱学。

一、自主学习任务的设计

德国教育家第斯多惠说："一个人要不主动学会些什么，他就一无所获，不堪造就。人们可以提供一个物体或其他什么东西，但是人却不能提供智力，人必须主动掌握、占有和加工智力。"因此，培养学生学习的自主性，需要设计自主性学习任务。

1. 明确任务特点

下面案例中展示的这种有趣的学习探索活动，不仅营造了活跃的课堂氛围，而且更好地培养与提高了学生的独立思维能力，为学生数学核心素养的不断提升奠定了扎实的基础。

某教师在教学"圆的认识"的相关内容时，在完成本节课的直径、半径知识点的学习之后，给学生设计了有趣的探索活动。

1. 尝试一下一个圆内可以画出多少条直径和半径？这些直径、半径的长度是否存在差异？

2. 圆这种曲线图形有较多的独特特征，它与直线图形之间的差异是什么？应该如何应用？

3. 生活中是否存在利用圆的特征的现象？

接下来，教师将全班学生分为不同的小组，分别对上述问题进行分析与讨论。

由此可以发现，自主性学习任务具有如下特点。

首先，强调以学生为主体，以学生发展为主线，以提高学生的综合素质和能力为目标，培养学生乐于学习、善于学习，并具有终身学习的习惯和能力。这样的学习任务以学生的自主"学习"为主线，教师的科学"引导"为辅线，促成整个任务的完成。

其次，目标力求借助任务的完成，让教学从以"教"为重心转移到以"学"为重心，使"主导"与"主体"有机结合，变"学会"为"会学"，由以学习知识为重心转移到以培养能力为重心。

最后，在设计的过程中紧扣学生现有发展区的问题，根据学生在自主学习中存在的问题有针对性地设计，解决"最近发展区"的问题，让学生自主学习，会学、善学。

2. 创设学习情境

学习情境是指学生学习时所需的课堂学习场景。教师创设学习情境，实际上也就是依据学习目标，围绕学习内容，充分发挥教师的主导作用，活跃学生思维，调动学生自身的潜能和学习积极性。因此，自主性学习任务的完成需要相应的学习情境。

教学"多位数的认识"时，某教师就出示了一张画有古人打猎回来的图像幻灯片。要求学生猜一猜，图上画的是什么人？他们又在干什么？好奇心驱使学生一个个竞相回答，有的说是野人，有的说是古代的人。教师做了以下适当的引导："很久以前，我们的祖先出去打猎的时候，要数一数出去了多少人，拿了多少件打猎的工具；回来的时候，也要数一数回来了多少人，捕获了多少只野兽。他们都是用小石头来计数的。"接下来，教师问学生："你们觉得他们的这种计数方法好吗？""你们是否有更好的方法呢？"这样，学生就很自然地进入了学习情境，为掌握什么叫自然数打下了良好的基础。

教师在提出自主学习任务前，先创设情境，激起学生自主学习的兴趣，使之对知识内容产生自主学习的意愿，再提出自主学习任务，那么学生的自主学习就成了水到渠成的事情。

当然，情境的创设可以参考本书前面的相关内容，需要注意的是，教师情境创设要体现学法和教法两条线，让二者齐头并进，即一方面要有教师为学生创设提问的条件和环境，另一方面要有学生质疑问难、实践操作的时间和空间；一方面是教师为学生创设的学习情境，另一方面是学生自主学习的合作式情境，以实现学生间的互动与交流。总之，创设的情境是一种富有情感的、生动活泼的、轻松愉快的、蕴含哲理的自主学习环境。

3. 多角度设计问题

自主学习任务，要在不同的情境创设下，使学生在课堂上激情洋溢、思维流畅，从而入情入境，进行自主学习与自我发展。针对学习任务是以问题的形式呈现的，因此依据所创设的情境及目的的不同（如问题式情境，旨在形成学生的问题意识和自主思维；探究式情境，旨在培养学生的探究精神和创新的能力；体验式情境，旨在强化学生的自主感悟与自我调控），从不同角度设计问题。

（1）结合情境设计问题

这种问题的设计方式是结合情境提出的，是问题与情境的融合。请看下面的案例。

创设情境：（出示动画）草原上红太郎、喜羊羊、懒羊羊争吵起来了。

师：它们正在争吵什么？

生：谁跑得快？

师：有没有结果？

（学生争论不休，一时没有结果）

师：根据它们所跑的路程，你能判断它们谁跑得快吗？为什么？

生：不知跑了多长时间。（需要补充"时间"这一信息）

师：要怎么比？（让学生提出问题）

师：如果路程相同，看谁跑得快，要比什么？（跑的路程一样，看谁先到终点谁就赢）

創造学生高度参与的課堂

（课件出示红太郎4秒，懒羊羊10秒）

师：如果时间相同，看谁跑得快，要比什么？（看谁跑得远）

（课件出示红太郎4秒，喜羊羊4秒）

师：（课件出示懒羊羊10秒，一共跑100米；喜羊羊4秒，一共跑80米）你有没有想说点什么？（路程、时间都不同，看谁跑得快，怎么区分？要比什么呢？）（要比每秒跑多少米）为什么要比每秒跑多少米？

懒羊羊10秒，一共跑100米。

喜羊羊4秒，一共跑80米。

师：像这样"100÷10＝10，80÷4＝20"，数学上称为速度。如果提供信息，你们能求出速度吗？

1. 神舟七号飞船在太空中5秒大约飞行40千米，神舟七号飞船的飞行速度大约是（　　　　）。

2. 磁悬浮列车3分钟大约行24千米，磁悬浮列车的速度大约是（　　　　）。

3. 小龙骑自行车，2小时行16千米，小龙骑自行车的速度大约是（　　　　）。

板书：

40÷5＝8（千米）24÷3＝8（千米）16÷2＝8（千米）

师：发现什么问题？怎么都是8千米？怎么办？（要注明时间，要用新单位来表示）

40÷5＝8（千米/秒）24÷3＝8（千米/分）16÷2＝8（千米/时）

师：看来速度单位可以用每秒行多少（千米/秒），每分钟行多少（千米/分），每时行多少（千米/时），要体现出在单位时间里所行的路程。

上述案例中教师引导学生利用已有的知识经验，有意识地将知识设置于同学们熟悉的情境中，激发学生的参与热情，使之感受与理解"速度、时间、路程"三者的内在关系，进行自主学习与探索，认识了三种不同的比快慢的方法，体会到解决问题策略的多样化。同时，学生在解决问题的过程中，对速度、时间和路程三者之间的关系获得了初步感知，对速度单位的特殊性有了充分的认识和理解，进一步完善了速度单位，逐步学会了在解决问题的过程中自主探索、建构数量关系，为今后认识、掌握其余类似的数量关系积累了经验。

（2）从教学的关键点设计问题

教师在课堂教学中对重点和难点内容提出有思考价值的、有利于学生思维发展的问题，能触动学生的思维发展，使学生提升兴趣、乐于探索，进而自主学习。

某教师在教学《孔乙己》一课时，在分析造成孔乙己悲惨命运的社会原因是封建的科举制度时，提出了如下问题："要是孔乙己没有读过书，那么他会是一个怎样的人？"学生们的思维显得异常活跃，想象力特别丰富。有的说，他肯定是一个普通的农民，过着清贫的生活，因为他心地善良；有的说，他好喝懒做，应该是一个流浪汉；有的说，他可能穿着短衣站着喝酒，在酒店里嘲笑另一个穿长衣却站着喝酒的"孔乙己"；还有的说，他也许是丁举人的"保安"，因为他身材高大。但无论如何，他在精神上都不会受到这样大的伤害。由此可见，封建科举制度对中国读书人的摧残与危害是不言而喻的。

在这里，教师提出的自主性问题，运用了"要是……那么……"这样的假设性句式，抓住了教学的重点和难点进行提问，对学生的思维起到了推动作用，使之进行发散思维、自主学习。可见，质疑的方式对于自主性学习任务的设计起着关键作用。

（3）抓住逻辑特点设计问题

自主性学习问题的提出，要与学科特点相结合，尤其是文科和理科。同时，在表述上要注意逻辑性，在保护学生的学习信心的同时，激起学生自主学习的意愿和主动性，以调动其学习的积极性，扩展其思维，使之主动构建新的知识体系。

某教师在教学"圆周角"这一知识点时，针对探究同弧或等弧所对圆周角与圆心角存在怎样的大小关系，提出下面递进式问题。

1. 请动手量一量同弧所对圆周角与圆心角的度数，你有什么猜想？
2. 你能找出同弧所对圆周角与圆心角存在哪些位置关系吗？
3. 哪种位置关系最特殊？你能根据这一情形证明你的猜想吗？
4. 其他位置可以归结到同一情形证明吗？

在这些由浅入深的问题的引导下，学生的探究欲望被激起，对圆周角与圆心角的关系产生了强烈的好奇心，继而根据问题的指引一步一步探究，证明了自己的猜想，其情感体验得到极大升华。

（4）在问题深加工中设计问题

问题深加工，就是基于新版课程标准培养学生必备品格和关键能力的要求，以问题的形式对教学内容进行高度整合，引导学生将教学内容转化为自己的思想和知识，从而完成知识建构，培养学科核心素养。

某科学教师在教学四年级教材"声音是怎样产生的"内容时，在第一课接触声音之后，针对学生自发提出的问题"声音是怎样产生的"，组织学生自主学习、小组合作、教师引导，完成释疑。最后找出问题："你们能让音叉停止发声吗？"用这个问题让学生继续思考。学生开动脑筋，通过小组合作，以前一个问题为参考，逆向思维，找到了让音叉停止发声的方法。这样一来，就对声音的产生进行了逆向应用和巩固。在了解了声音的产生和停止声音的方法之后，学生又产生了新的疑问："声音是怎样传播的？"就这样，以问题为导向组织的学习活动，一层一层地引导学生质疑，引导其思维逐渐走向深入，进入深度学习状态。

在这个案例中，问题成为教与学之间的桥梁，推动学生自主学习，使其思维由低阶水平向分析、综合运用等高阶水平发展。这正是自主性学习任务的特点和目标。因此在课堂教学中，教师要抓住设计问题这个重要的方式，将知识贯穿其中，设计自主性学习任务，做好问题深加工，让学生从感知、理解低阶水平，走向分析、综合高阶水平。

（5）用不同形式提问

一是开放式提问，比如："为什么你会做这样的假设？""我们可以用什么假设来替代？"这样的提问，可以帮助学生自主思考，明确自己假设的问题的合理性、动机和可能引发的后续问题，从而促进其自主学习。

二是针对观点进行提问，比如："你想怎样解决困难？""什么是可供选择的方法？""其他小组对这个问题会产生怎样的反应？为什么？"这样的提问，可以促使学生进一步比较和探究，进而确定自己的观点、依据，使之思维更周密，提升其自主学习能力。

可见，教师精心策划并设计自主性问题，可以激发学生的学习兴趣，不仅可以调动学生的积极性，而且可以对于促进学生自主学习发挥极大的作用。

二、实践性学习任务的设计

2022 版新课程标准提出"做中学"的教学理念，强调让学生在实践中学习，指向核心素养的培养。因此，学习任务多样化，还要注意设计实践性任务。

1. 任务特点

实践性学习任务，强调学生要把学到的学科知识加以综合，并在解决实际问题中加以运用。这是一种基于情境参与和问题解决的体验性学习，其目的是促进学生手脑并用、学思结合、知行统一。

数学课上，学习的是公顷，公顷是很大的面积单位，平时主要用来测量土地面积，在生活中并不常用，因此对学生来说是非常陌生的。为此，郑老师组织了实践性学习，让学生把学校操场量了一遍，以获得亲身体验。

课前预习：让学生每个人量一量一庹的长度。

第一步：复习旧知。

教学开始的时候，郑老师从复习入手，从常用的面积单位 1 平方厘米开始说起，让学生重温了 1 平方厘米、1 平方分米、1 平方米的具体含义，还让学生在本子、黑板上画出了它们的大小，接着从几处风景名胜的面积引出今天学习的内容：公顷。

第二步：实践操作。

通过预习，学生都知道 1 公顷是 10000 平方米，但对于 1 公顷没有具体的感知。于是，郑老师带着学生在操场上测量 1 公顷的面积。学生找体育老师借来 50 米的卷尺，开始测量操场。一开始，有的同学踩着绳子，有的拼命拉绳子，还有的甚至在一旁玩耍……乱成一锅粥。但很快，同学们便齐心协力，测量操场长的一边（操场为长方形）。他们先是在操场的一头开始固定拉绳，拉了好久后，终于到 50 米了，两端的同学分别在原地放下一根粉笔，开始继续量（因为米尺只有 50 米，而 1 公顷的正方形边长是 100 米，所以要量两次）。定好位置后，接着继续量，但发现了一个问题："第二次拉时，有一部分出了校门，怎么办？"他们很快想出了办法。因为出校门刚好 3 米，他们只要把起点往前移 3 米就行了。大家飞奔起来，互相转告。接下来，学生一个接一个地跑，个个跑得大汗淋漓，最后终于量完一条边。可短的边完全不够 100 米，所以学生们只能把米尺的起点往后退，退到操场外，退到教学楼架空层……

这时候，郑老师提醒："还有其他办法吗？书上是怎么介绍的？"同学们决定回教室看看书上是怎么介绍的。他们怀着急切的心情飞奔回教室，迫不及待地翻开课本。书上介绍由 28 位同学手拉手围出一个 100 平方米的正方形。于是同学们根据每位同学提供的一度的长度，找了 28 位同学，再次回到操场上，每 7 个同学站成一条边，围成了一个大约是 100 平方米的正方形，大家通过推算知道了 1 公顷就是 $10000 \div 100 = 100$（个）这样的正方形。

在这里，教师创设的实践性学习任务，让学生更深刻地体会了"实践出真知"，对"公顷"这一面积单位有了深刻的理解。这正是实践性学习任务的意义及特点所在。

具体来说，这一学习任务表现出如下特点。

（1）开放性

这是指实践性学习为学生提供了开放的学习空间和学习内容，让学生可以进行跨学科的学习，尊重每一个学生独特的兴趣、爱好，适应每一个学生个性化发展的特殊需要，为学生自主性的充分发挥开辟了广阔的空间。

（2）综合性

这是相对分科而言的，是指实践性学习是以学生的现实生活为基础，发掘课程资源，注重以学生的直接经验和体验为基础展开的学习，因此学生在学习过程中运用的知识与技能并不只是某一学科的，获得的收获也不只是某一学科，而是通过对知识的综合运用，发现问题、解决问题，进而完整地认识作为有机整体的客观世界。

（3）生成性

这是指实践性学习并非以获得知识技能为目标，而是以研究问题、解决问题、获得学习经验为目的，其学习的结果当然也各具特色，具有不确定性，但无论是怎样的结果，学生最终都能获得学习体验。

总之，实践性学习任务的完成是师生共同探索新知的学习过程，是师生围绕着解决问题共同完成研究内容的确定、方法的选择，以及为解决问题相互合作和交流的过程。

2. 任务设计

郭元祥教授指出："教育性实践，是学生在教师的指导下，以问题为中心，有目的地运用所学知识，在实际情境中认识与体验客观世界，并基于多样化操作性学习过程，分析解决实际问题的学习活动。"因此要设计实践性学习任务，同样离不开问题。为此，教师要以问题为中心，设计实践性任务。

（1）让任务生活化

杜威曾说："如果所沟通的知识不能组织到学生已有的经验中去，这种知识就变成纯粹的言辞，即纯粹感觉刺激，没有什么意义。"因此将问题与学生的生活相连，可以促成知识与生活的相连，让知识与运用互相转化、互动生成，实现迁移应用。这是实践性学习任务设定的一个重要的方法。

某道德与法治教师在讲授"挑战第一次"这一节课时，在学校的支持和协调下，利用周末组织学生集中到公共地点进行公益活动。学生们在集体互动中不但深刻感受到了环卫工人工作的艰辛，更从教学活动中增进了学生间、师生间的情感沟通，以切身实际形成了良好的行为习惯和思想品德，在心里种下了环保意识，并收到了良好的教育效果。

（2）让任务生本化

所谓任务生本化，是指借助于相应的学习任务驱动学生进入实际生活状态中，进而在生活中体验、在生活中学习。在这一过程中，学生是学习的主体，在问题的驱动下进入学习状态，是基于兴趣展开的学习，因此他们解决问题的能力得到了提升，进而更利于其核心素养的培养。

某教师在教学统编教材二年级课文《春天》时，首先让学生完成课后思考训练题一、二，在文本中寻找春天。然后，让学生完成选做题"你找到的春天是什么样的"。接下来，教师组织学生到校园中观察，寻找春天，同时结合美术、音乐等学科，完成带有综合色彩的学习任务——"找春天"。在这一学习任务的完成过程中，学生要自己到户外欣赏大自然风光，画春天美景，探究万物生长的秘密，歌唱春天、描绘春天、享受春天，于是完成学习任务的过程也成为感悟自然、享受生活的过程，学习与实践融合在一起，体现了任务生本化的特点。

（3）任务多样化

所谓任务多样化，就是学生在实践活动过程中，面对的是多样化的学习任务，即学习任务是可选择的。于是学生在实践活动中，可依据自己的能力，从多方面进行探索。这样一来，学生的自主学习意愿被激起，在解决完一个学习任务后会有意犹未尽之感，从而增强其学习趣味和成就感。

表 3-1　某学科多样化任务设计

形式	要求	目标	训练要素	融合学科
科学探究	根据文章，制作自己喜欢的人物模型	体会人物性格	领悟人物形象，积累描写人物类词语	语文、美术
作品创编	画自己喜欢的故事情节和人物漫画	体会人物情感	用感官了解作品，通过颜色和图画，了解叙事类作品内容	语文、美术
欣赏表演	根据情节编写剧本，演一演	了解故事情节	对情节进行有效梳理和把握，加深学习文学作品的兴趣	语文、音乐、劳动实践
社会实践	通过调查身边的人对人物和情节的评价，谈谈自己眼中对人物的认识和评价标准	拓展整本书阅读	在聆听中形成自己的判断，加深对作品的领悟能力和理解力	语文、劳动实践

在表 3-1 案例中，学生进行的实践性学习任务是多种多样的，学生可以依据自己的能力选择一项或多项，进而在实践中发展自己的能力，获得成功的学习体验，激发对学习的热爱。

主题 3

基于项目开展学习

2022 版新课程标准明确要求，基于新育人要求，教学要强化学科实践，基于真实情境，培养学生综合运用知识解决问题的能力。为此，教师要创造学生高度参与的课堂，就要积极提倡新学习、创新教学方法，基于核心素养的培养、基于项目开展学习，以促进学生综合素质的提升，培养其关键能力。

一、学习的本质及特点

基于项目的学习，就是教师基于真实情境提出问题、布置任务后，学生利用相关知识和信息资料针对任务开展研究、设计方案并进行实践操作的学习。这种方式能达到解决问题、获得项目成果的目的。

1. 学习本质

从下述案例可以看到，学习是基于一个具体的项目展开的。

某教师带着八年级的学生开展了"为什么当地有众多居民患癌症"的探究活动。师生们在收集了整个城市的相关信息后，重点对癌症患者比例最高的地区进行了研究，结果发现该地区周围有好几家化工厂；对当地空气质量测试的结果表明，有害化学物质源源不断地从邻近的化工厂中释放出来，这表明该地区的化工厂成了最大的影响因素。最终，学生们结合整个研究过程撰写了一份研究报告，并在调查结束后将报告提交给了当地的工厂，为工人提出了可行性建议，以期帮助当地居民降低生病的风险。

在学习过程中，学生经历了分析、调查和研究，查找问题的原因，制定相关的解决方案和措施，并将其以结果的形式——报告呈现出来。因此，从本质上看，基于项目的学习，就是项目式学习，是一种将学习任务项目化的学习方式。

2. 学习特点

基于项目开展的学习，是一种任务化的学习方式，将自主性和实践性的学习特点充分体现出来，具有如下优点。

（1）高参与度

这是相较于传统的学习方式而言的。基于项目开展的学习强调实践，学生在生活情境中面对更具挑战性和真实性的问题。学生作为学习行为的主体、实践活动的主体，参与问题的调查和分析，在整个活动中和其他师生及事物一直保持着互动，直至最终获得调查结果。这样一来，学生的内在成就感和自我效能感就会被极大地激发出来，进而最大限度地提升其学习的积极性和主动性。从这一角度而言，基于项目的学习会让学生因为面对感兴趣的任务，而提升学习的主动性，主动参与到学习活动中，无论是学习态度，还是学习效果均是良好的。

（2）高自主性

相较于传统学习，基于项目的学习会让学生成为活动的主人，教师则成为活动的引导者，只在学生遇到无法处理的关键问题时出现，给学生以引导和启发，辅助学生解决问题，完成任务。在整个项目的完成过程中，学生承担起规划、设计到实施的整个过程，自行决策、自行安排，同时还要在此过程中主动不断挖掘项目学习资源，将其自主消化吸收，继而用于项目中。因此这样的学习过程，使学生自身的综合素质和能力得以发挥，体现出极高的自主性。

（3）高思维

所谓高思维，是指基于项目的学习，对提升学生的高阶思维能力起着积极的作用。这一学习方式以问题解决为核心，学生需要构思方案、自主探究、做出决策，在这一过程中不断地寻求问题解决的方法，甚至在项目实施的过程中，得到多种解决方案。这就使得学生在合作学习的过程中主动从多角度思考问题，对问题进行综合考量，甚至采用逆向思维。由此，其决策思维能力、创造思维能力、系统推理分析能力等高阶思维能力均会得到充分锻炼。

（4）高能力

所谓高能力，是指学生在以小组合作方式进行的项目式学习过程中，与团队成员进行有效沟通、合理分工、表达自己的观点、提出自己需要解决的问题，甚至在成果展示时，用书面文字或口头语言的形式阐述自己的观点或介绍自己的成果，所运用的高阶思维能力。这一过程培养和提升了学生的团队协作能力和沟通能力，使之向高能力人才发展。

二、学习的要素

基于项目的学习要确保高质量，就要体现培养学生的核心素养及能力的宗旨，就要重视培养学生未来人才需要具备的几项技能，即全球视野、有效沟通的能力、自主学习的能力、数理逻辑能力、深度阅读和有效写作能力，以及团队合作和领导力。因此，这一学习方式必须包括以下要素。

1. 问题性和探究性

不同于传统的讲授式教学，基于项目开展的学习中有一些具有挑战性、驱动性的问题，因此，学生的探究欲望会被激发出来，他们极易产生探究的冲动和欲望。这表现了这种学习方式的问题性特点。

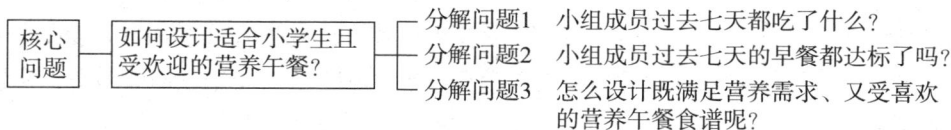

图 3-2　核心问题下分解子问题示例

图 3-2 中，在核心问题下分解出了 3 个子问题，3 个问题驱使学生去调查、去探究，从而获得知识和能力的提升。这样一来，问题虽然是教师提出的，但由学生去解决，视角就从教师变成学生，基于项目的学习得以向前发展。由此可见，优质的驱动性和挑战性的问题是使项目学习获得成功的重要因素，这样的问题必须具备如下特征：一是问题解决方案是多元化的；二是问题解决应用到学科中的核心概念和重要原理；三是问题的解决可以被还原在具体的情境中。最重要的是，问题要对学生有意义，符合个人、组织和社会的道德规范。

基于项目的学习必须在问题驱动下进行，要能让学生处于持续探究之中。离开了持续探究，基于项目的学习就失去了成长的沃土。因此，这一学习又表现出强烈的探究性。

在四年级下册第一单元第二课《乡下人家》的学习中，课文里提到"乡下

创造学生高度参与的课堂

人家总爱在屋前搭一瓜架，或种南瓜，或种丝瓜，让那些瓜藤攀上棚架，爬上屋檐……"学生觉得很新奇，都七嘴八舌地问："南瓜和丝瓜真的能爬这么高吗？""真能爬到屋檐吗？"听到同学们兴致盎然的讨论，他们对蔬菜的生长充满了好奇，教师决定采用项目式学习，让学习从语文课本延伸到课堂之外，让学生走入大自然。教师把学生的问题提炼成一个核心驱动问题："一粒蔬菜种子的成长经历了怎样的过程？"同时将这个问题分解为 2 个子问题："我们要种什么蔬菜？""种子要如何播种？"

针对第一个子问题，学生们组建了 5 个探究活动小组，开展讨论。各组组长明确了小组成员不同的蔬菜调查任务，最后汇总讨论选择哪一种蔬菜来种植。首先，各小组结合网络资源，对自己感兴趣的蔬菜进行了深入的调查和研究，完成蔬菜种子小调查，汇总讨论。其次，学生经过初期的调查，确定了"青菜"是种植方便和成活率高的蔬菜。最后，2 个小组决定种植青菜，其他小组则选择了自己比较感兴趣的韭菜、月亮豆、南瓜作为种植对象。

接下来是第二个子问题，学生开展了"头脑风暴"，提出了很多问题，如播种的数量、浇水的次数、发芽的时间……教师根据学生提出的问题，由各小组自由选择角度解决问题，完成种植计划。于是学生为了解决问题，又开始忙碌起来，他们不仅测量了蔬菜盆的面积，还设计了比例尺规划种植间距，在此过程中还不停地询问有经验的大人，不断修改种植方案，最终团队合作确定了种植计划。

由上述案例可知，整个项目活动中，学生在问题的推动下不断探究，可谓解决一个问题，又开始一个新问题。学生在不断涌现的问题下，产生了无尽的探究乐趣。这就是项目化学习持续探究的魅力所在。而这种持续探究是在问题的驱动下产生的，是由一个问题带动相关问题的产生，继而在解决问题中再发现问题……如此发展下去，最终在持续探究中完成学习，提升能力。

2. 参与性和融合性

基于项目学习要体现以学生为中心，可以说整个项目从设计到实施，理应从学生的视角出发，以学生的探究为主，因此，学生的参与性是这一学习方式的突出特点和要素之一。

　　某生物教师在项目化学习中，组织学生就"植物是靠什么部分运输水分的"这一问题进行探究时，先安排学生寻找身边的白百合花，拍出其最美的一面。在课程开始的时候，让每个小组都展示所拍的白百合花的照片。随后，教师拿出被红墨水浸染过的白百合，学生们见此纷纷提问："老师的白百合颜色为什么跟我们的不一样？""老师的百合花的颜色是怎么变成这样的？"在此过程中，教师将红墨水等联系密切的物品放在讲台上，以提示学生，引导学生进行观察。结果学生在后续动手实验的过程发现了植物运输水分的结构，获得了自主探究成果，也学到了书本上的内容。

　　上述案例是基于项目的学习的一个片段。从中可以看到，无论是课前的准备，还是课中的观察与探究，学生从始至终参与其中。唯有如此，学生才能聚精会神、聚焦问题，在探究中发挥自主学习能力，自主获取知识，从而提升素养与能力。当然，要促进学生的参与，需要教师对问题进行精心设计和分解，并适时引导和点拨。这正是参与性与融合性的最好体现。

　　基于项目的学习涉及的学科非常多，绝不仅仅是某一门学科知识，否则项目式学习的目标就无法达成。因此，跨学科融合也是这一学习方式的突出特点和要素。

　　在"故宫十二时辰"项目式学习中，来自大凉山的 12 个班的学生，以"乾隆皇帝的一天"为线索，分别了解乾隆皇帝从早上起床到晚上睡觉都做了哪些活动，饮食、服饰有什么不同，有怎样的习俗，等等。在这一过程中，学生在教师的指导下，运用比例知识，将故宫的建筑等比例复原在缩略图上；服饰设计方面，在美术、历史与社会教师的指导下，挑选相应的衣饰；音乐和台词方面，在音乐教师和语文教师的指导下，寻找与剧情相符的乐曲，编写相应的台词……在项目成果展示时，12 个班的学生分别表演了一个时辰的剧情。就这样，在整个项目式学习的过程中，学生将语文、历史、数学、音乐、美术等学科知识自然地融合起来，体现了跨学科融合的特点。

　　真正的基于项目的学习，会让学生像专家一样经历知识探究、思考和融合过程，最终达到"1+N"的学习效果。其中"1"表示主学科，"N"代表其他学科。换言之，一个真正的项目化学习，以"1"为主，但"N"不可缺少。

3. 导向性和引领性

基于项目的学习最终的结果是以成果的形式展示出来，或是一份调查报告，或是一份手工制作，或是科技小发明，或是产品介绍……总之，成果要体现此前的问题，要与问题保持一致，也就是说成果是问题解决后的体现。这体现了这种学习方式的导向性特点。

成果一：将同一支白玫瑰依次放入调制好的不同颜色的溶液中，获得了每一片花瓣都拥有不同颜色的"彩虹玫瑰"。（该操作存在错误，但是成果十分惊艳）

成果二：将同一支白玫瑰花瓣分成若干份，分别放入调制好的不同颜色的溶液中，获得了每一片花瓣都有一种颜色的"彩虹玫瑰"。

在探究活动中，有学生提出：由花骨朵开始培养，会使"彩虹玫瑰"的盛开期更长。也有学生提问：其他颜色的玫瑰花是否也可以用来培育"彩虹玫瑰"？可否制作花瓣色彩种类更多的玫瑰呢？等等。

上述案例展示的是基于项目的学习成果，不仅包括实物，还包括学生的思考成果，即思维获得的提升。这表明，学生从被动的知识接受者开始向积极的知识探索者转变，从被动参与学习过程向主动参与学习过程转变。这正是基于项目学习的最重要的成果，这样的成果是学生在每一个探究、实践步骤中，在亲身参与、积累过程中获得的，这些宝贵的体验可以使学生产生强烈的获得感，进而对学习产生浓厚的兴趣。

基于项目的学习既然有成果，就需要评价参与。在这样的学习中，评价是多元评价，是多种评价方式的结合，其中有发展性评价和终结性评价，还有教师评价和学生评价，更有内部评价和外部评价。内部评价是指小组内部的评价，外部评价即师生之外的人对项目化学习成果的评价，包括专家和用户。这体现了这种学习方式在评价上具有引领性的特点。

成果：课本剧表演。

评价：①自评单——学习过程的检测；②协作单——协作学习的监控；③总

结单——学习成果的总结。

教师评价：学生在这3个问题的驱动下调动已有知识经验，主动探究文本。同时，学生通过多种渠道搜集相关材料，进一步理解与表达"品质"这一核心知识。本活动把驱动性问题还原到具体情境中，不仅引导学生持续探讨人物品质，还能在无形之中提升语文核心素养。

这是一个基于项目学习的评价，有针对学习过程检测的学生自评——自评单，有针对小组协作学习监控的他评——协作单，有针对"课本剧表演"这一学习成果的总结性评价——总结单，也有来自教师的评价。这些评价在项目式学习的过程中均发挥着积极的促进作用。

自评单引导学生自我反思、随时总结和发现问题、改进学习，属于表现性评价和过程性评价；协作单提醒小组成员在合作中注意发挥协作精神、培养合作意识，属于表现性评价和过程性评价；总结单是对学习成果的总结反思，让学生体验收获的成就感、提升学生的自信心，属于结果性评价；而教师的评价是来自教师的激励，更能让学生获得成长的喜悦和激励。

三、学习的开展

基于项目的学习，某教与学是从一个驱动性问题开始的，问题的设计围绕学科中重要的核心概念展开，且要略高于学生的认知水平；同时问题是真实的，可以激起学生解决问题的想法和动机。这就要求教师在学习中要对自己有清晰的定位，要做一个优秀的提问者，做好问题引领。

1. 明确定位

基于项目学习，教师的角色定位相当重要。教师只有清醒地认识到自己的位置和角色，才能让课堂真正成为学生的舞台，发挥学生的学习主动性和积极性。

首先，教师要认识到自己是学习活动的设计者，要做好整个项目活动的筹划，如问题的设计、活动的设计、目标的设计、进程的设计、小组划分的设计等，同时还要和学生共同参与、探讨、制订项目计划。

其次，教师要认识到自己是学生学习活动的参与者和管理者，要在项目实施过程中给予学生适时的引导、点拨，进行项目的驱动。同时，教师还要随着项目的逐渐推进，给学生适当的指导，使学生朝着正确的方向进行；要对学生活动过程中出现的不良表现及时给予提醒、监督，定期强化学生的学习目标，给学生情感支持，对遭到挫折的学生给予安慰和激励，对缺乏主动性的学生给予及时的鼓励和引导。

最后，教师要在项目实施过程中做好相应的观察和记录。一方面，教师要在项目的实施过程中，确保项目活动有序进行，学生能够有效学习，随时把控学生的探究过程。另一方面，在项目结束后，教师要组织学生展示、交流项目成果，给予相应的评价，让师生共同获得成长；同时要将学生反思完善后的优秀作品及时整理，建立相应的项目式学习资料库，为今后的教学积累资料。

总之，在基于项目的学习过程中，教师既不能对学生"放羊"，导致其我行我素；也不能过度参与，喧宾夺主。教师既要做学习者，也要做指挥者，要不断提升自己的专业素养。

2. 问题引领

基于项目学习的重要引领就是问题的设计。优质的问题可以驱动项目进程，激发学生参与项目学习的热情和动力。为此，教师要设计科学的问题，要注意聚集大概念，用优质的驱动性问题引领学生学习。问题设计可参考如下步骤。

第一步，聚焦大概念。

所谓大概念，即上位概念、核心概念。它是同类事物的核心，可以促成同类知识迁移，可以帮助学生构建起事物的认知框架。这样一来，学生就可以将零散的知识串联起来，形成系统性和结构性认知，进而获得对知识的深入理解。一般来说，大概念包括命题式、主题式和观点类三种类型（见表3-2）。

表3-2　大概念的三种类型

类型	举例
命题式	思想决定行动
主题式	如何理解两点决定一条直线
观点类	对敌人的善良就是对自己的残忍

在实际的教学中，教师要提炼概念，可以从以下几方面入手：一是从课时内容提炼，比如就一节课的知识点加以提炼；二是从单元知识中进行提炼；三是从同一学科不同单元之间的知识进行提炼；四是从不同学科之间进行提炼。那么如

何提炼呢？请看下面这个高中数学大概念的提炼过程。

某教师在教学高中数学"集合"时，是这样提取单元大概念的。

首先，研究课标，明确课标对单元学习的总体定位；其次，研究教材，结合课标对单元学习的具体要求，确定教材单元重点；最后，围绕单元重点，画出单元知识结构图（见图3-3）。

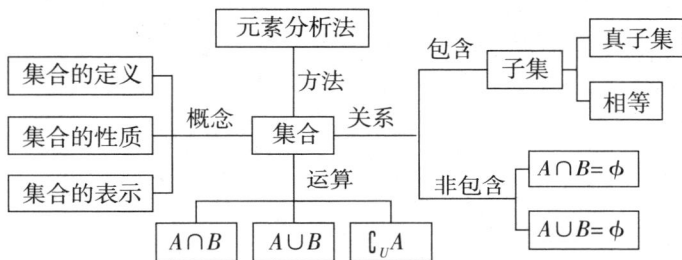

图3-3 "集合"教学中大概念的提取

接着，教师进一步分析单元教学内容的本质及其中蕴含的思想，分析单元学习的价值，最后确定单元中的大概念（见图3-4）。

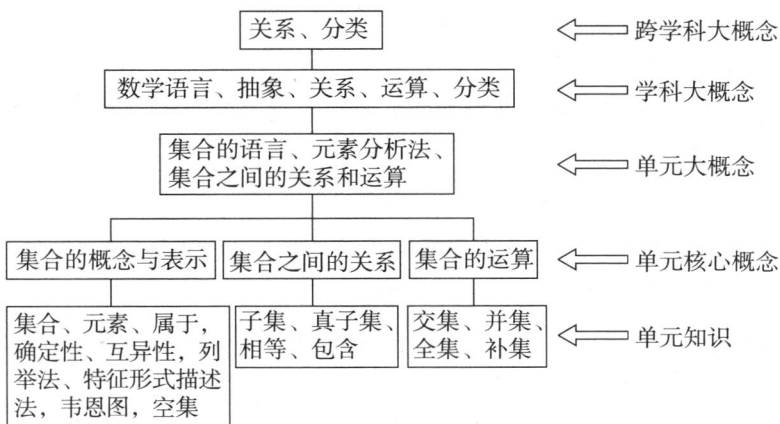

图3-4 "集合"教学中大概念的确定

需要注意的是，学科不同，提取大概念的方法和路径会有所差异，但基本上可以从以下几方面入手：一是将内容标准中反复多次出现的名词或重要的短语作为大概念；二是借助于追问的方式确定大概念；三是用配对的方式产生大概念，也就是对内容标准中的概念进行配对；四是用归纳的方式获得大概念。在采用以上4种方式提炼大概念时，要注意基于学科视角，研究课程标准和教材，从学生的发展需要出发。

第二步，制定学习目标，设计驱动性问题。

基于项目开展学习的前提是学习目标的设定。学习目标如同靶子一样，为学生的学习指明方向。在某种程度上，学生的学习目标等同于教师的教学目标。因此教师在设计驱动性问题时，不妨从学习目标入手，倒推出驱动性问题。

某教师在教学人教版地理七年级下册第九章第一节"美国"中的"美国农业专业化"时，考虑到本节课的学习目标，即运用地图和资料，联系某国家的自然条件特点，简要分析该国因地制宜发展经济的实例，于是以项目式学习的方式实施教学。

【项目一】搜集资料，说明美国为何是一个农业强国。

铺垫问题：美国是一个科技强国，为何又是一个农业强国？

驱动问题：美国发展农业利用了自身哪些优越的自然条件。（若学生资料不全，教师需补充资料）

学生任务：以小组展示搜集的资料，并探究影响农业发展的因素和美国成为农业强国具有哪些优越的自然条件，为什么优越？

展示成果：小组代表上台对所探究的结果做汇报。

【项目二】搜集资料，分析说明美国农业生产的分布特点。

铺垫问题：美国农业生产的分布特点。

驱动问题：试着在图中圈画出每一个农业带，体会其分布特点的差异。（若学生资料不全，教师需补充资料）

学生任务：小组展示搜集的我国南方地区农业分布资料，对比美国农业分布图，分析其农业生产的分布特点。

【项目三】搜集资料，分析美国主要农业带的形成原因和因地制宜发展经济的实例。

铺垫问题：制定考察路线，寻找农业带分布的成因。

驱动问题：（站点1）提问：为什么在这里发展乳畜带？（站点2）提问：为什么在这里发展玉米带？（站点3）提问：美国利用了什么条件发展畜牧和灌溉农业区？

教师走进各小组进行引导式提问。（若学生资料不全，教师需补充资料）

从上述案例可以看出，学生的学习是在3个驱动性问题下展开的。这3个驱动性问题的设计是从学习目标倒推出来的，并借助于它们一步一步引导学生运用地理资料完成任务，调动学生学习的积极性，培养学生的读图归纳能力、概括归纳能力等。

第三步，引导学生明确驱动性问题的意义。

要让核心问题成为驱动性问题，教师除了设计好驱动性问题外，还要让学生全面深入地理解何为驱动性问题，以及设计问题的意义，如此才能唤起学生的共鸣，使之产生代入感，认识到问题的重要性，以及与自己生活的关系，从而产生学习的热情。教师要站在学生的角度，以学生的视角看问题，从学生已有的经验和生活体验入手，使之产生类似的体验。由于学生个体不同，必然产生不同的感觉和体验，这种个体差异就使学生之间的交流得以产生，最终在交流中获得对问题本质的认识。

专题四
提升学生专注力

　　专注力体现了一个人对一件事专心及投入的程度。于学生而言，专注力是学习的窗口，体现了学生对学习的投入程度。因此对学生来说，是否拥有专注力影响其学习的效果。要创造学生高度参与的课堂，就要灵活运用多种方法，提升学生专注力。

主题 1

巧用"钥匙"

约翰·克拉克曾说："一个优秀的教师，就像一个优秀的表演者，首先，他必须吸引他的观众，然后他要教好他的课。"这句话告诉我们，教师要吸引学生的专注力，就要善于用激发学生学习兴趣的"钥匙"打开探索未知世界的大门，引起学生的好奇，使之主动地投入学习。

一、巧用语言之钥

说话是一种交流和沟通的工具，教师的教学语言是最重要的教学工具。良好的教学语言，独具影响力，体现着教师的价值。课堂教学中，教师要巧用语言之钥，提升学生学习的专注力。

1. 激趣的语言之钥

激趣，就是教师运用语言激发起学生的学习兴趣。借助于这样的语言之钥，教师可以将学生分散的注意力集中起来，让学生懈怠的情绪活跃起来，将其吸引到课堂教学中，集中学生的注意力，使其思维、想法都能围绕教师的语言展开，进而获得知识、提升能力。

（1）用于导入环节，激发学生的学习兴趣

巧妙导入对于驾驭课堂十分重要。无论是一连串的问题，还是生动的故事，借教师的"金口玉言"都可以成为成功激起学生学习兴趣的"钥匙"。

魏书生老师在讲授《论语六则》一课时，在导入新课环节，说了这样一番话："火之光，电之光，能照亮世间的道路；思想之光，能照亮人的精神世界。谁是世界上最伟大的思想家呢？联合国教科文组织确定了全世界最伟大的十位思想家，例如牛顿、哥白尼……谁知道这十位思想家谁排在第一位？他就是我们中国的孔夫子。"这样的语言，成功地激起了学生学习《论语六则》的兴趣。

（2）用于教学中，吸引学生的注意力

幽默是人际沟通的好办法，幽默的语言是调节人际关系的润滑剂。教师幽默的语言充满了智慧与情趣，能活跃课堂气氛，提升学生的专注力，提高教育实效。

某教师在课堂教学过程中，发现学生情绪低落、注意力不集中，于是用幽默的语言讲了"对牛弹琴"的故事。然后说："其实上课就像你我在弹琴，你们不是牛，我也不是牛，我们都不想'对牛弹琴'，是吗？"这样一来，学生在笑声中注意力就集中起来了。

2. 表扬的语言之钥

渴望关注、渴望欣赏、渴望赞扬，是人的正常心理需要；温情的话语，鼓励的言辞，对于每一个学生而言，都是巨大的激励。因此教师倘若能巧妙地运用积极的语言，那么语言也就成为开启学生专注力、打开教学实效的"钥匙"。

特级教师于永正到一所小学去上课，教的是二年级的《英雄爆破手》。在基本弄清了"爆破"的意思后，他在"爆破"后面加了一个"手"，让大家想想"爆破手"是什么意思。连问了三个人，都说"就是把手爆破了"。这时，班内的气氛有些尴尬。突然，一个小男孩站起来说："'爆破'后面加个'手'，就变成人了，这课指的是陶绍文。"所有听课的教师都为之发出赞叹。于老师走到他跟前，问清他的名字后，竖起大拇指说："徐州，好样的！"然后，走到讲台前，当着大家的面，又一次竖起大拇指说："徐州比一休还聪明。一休遇到问题，还得闭上眼睛想半天，而徐州不假思索就回答出来了。"得到表扬，这个叫徐州的学生顿时神采飞扬，整节课都专注地学习，不论读还是说，都表现得十分出色。

二、善用方法之钥

好的办法会达到事半功倍的效果。教学过程中，巧妙而科学的教学方法同样会起到这样的作用。教师倘若能科学而灵活地运用教学方法，就可以让方法成为

创造学生高度参与的课堂

开启学生学习兴趣的钥匙，提升学生的专注力，使之高度参与教学活动。

1. 故事之钥

故事可以将一个个无关联的词汇变成有意思的连接，在增加课堂教学的趣味性的同时，提升学生的专注力，帮助学生记忆。因此，在教学过程中巧妙地借助于和教材内容相关的故事，可以激起学生的学习欲望，提升其专注力，达到激趣学习的目的。

某英语教师在教授单词 walking、jumping、running、swimming、flying 时，将这几个单词串成了一个趣味十足的小故事。

一只小猪在美丽的公园里散步，这个时候阳光明媚，小猪高兴地唱起来了："Walking, walking, I'm walking." 接着又跳起了绳说："Jumping, jumping, I'm jumping." 这个时候出现了一只老虎，小猪吓得跑了起来并大叫："Running, running, I'm running." 老虎追了过去："He's running. I'm running too." 小猪发现前面有一条河，跳了进去游到了对岸："Swimming, swimming, I'm swimming." 没想到老虎也会游泳："He's swimming. I'm swimming too." 正在小猪走投无路的时候，一个仙女出现了，将小猪变成了一只小鸟，小猪飞了起来，并高兴地大叫："Flying, flying, I'm flying." 这下子，老虎可就没办法了，只能眼睁睁地看着小鸟飞走。

在这个案例中，通过故事，单词被串联在了一起。故事生动有趣，学生一边听、一边演、一边唱，专注力得到提升的同时，学习了单词又运用了语言，一举数得。

需要注意的是，运用故事之钥时，要注意以下几点。

其一，要根据学生生活实际选择故事，即教师在选用故事的时候要考虑到每个学段学生的已有知识程度，以及教材不同，注意依据学生的生活实际和已有知识设计故事的内容，挑选或设计适合同学年龄、心理特征、现有语言水平、理解力的故事作为教学资源。

其二，要善于挖掘故事材料，即挖掘故事材料的文化内涵，尤其是要注重故事中所蕴含的主题，引导学生通过阅读主动获取这些宝贵的信息，拓宽视野，进而从中获得做人做事的道理，提升相应的人文素质。

其三，要丰富故事内容，激发学生学习兴趣，即在设计故事时，应注重故事教学的活动性和趣味性。由教学内容所创造的故事应丰富多彩，并易于学生理解。

除此之外，教师还要注意不断提升业务能力，培养敏锐的洞察力，善于发现和挖掘与教学相关的内容；具有较强的文本创作及改编能力，能结合实际对原有的故事内容进行适度的改编；要提升自己的语言表达能力，力求使自己的语音语调、朗读技巧完善，从而借助表情等让故事发挥出更好的教学效果。

2. 谜语之钥

谜语是人们喜闻乐见的一种文学娱乐形式，将谜底真相藏在字里行间。运用谜语组织学生活动，可以营造轻松的课堂氛围，将学生的注意力集中到课堂上，使学生一开始就处在积极的状态中。

师：下面我们先来学习写这几个字，（出示：人、个、大）我们有勤劳的双手、聪明的大脑，小朋友一定能认识和写好这几个生字。

（开始认读生字）

师：读得真好！小朋友们这么聪明，一定能看出这几个生字有什么相同的地方。

生：这几个字中都有"人"字。

……

（指导写字后）

师：小朋友们学写字学得真快，我们现在已经认识好几个生字了！现在呢，为了奖励大家，老师要给大家讲个故事！但是故事中的主人公有时候需要你们帮忙，你们能帮助他吗？

生：（拍手欢呼、兴高采烈）能！能！

师：小猴出去玩儿，在公园的墙上看到一个字，远看就像一把伞，但是小猴不认识这个字，只好问妈妈。小朋友们，你们知道这是什么字吗？

生：是"个"字！

师：对了，你们已经可以做小猴的老师了！猴妈妈把这个字教给了小猴。小猴走着走着，在广告牌上又看到一个字，也像一把伞，可是却没有伞柄，小猴奇怪了，说："妈妈，妈妈，你看，有人把'个'字写错了，'个'字的伞柄都丢了！"猴妈妈笑了，你知道猴妈妈会笑着说什么吗？

生：你真笨，那不是"个"字，是"人"字！

师：这个猴妈妈不够温柔，谁能扮演一个温柔的猴妈妈？

生：孩子，你知道吗？"个"字的伞柄丢了之后，就是一个新的字，就变成了"人"字，人类还是我们的好朋友呢！

师：（伸出大拇指夸奖）真是个懂礼貌又富有知识的好猴妈妈！

（生得意地坐下）

师：走着走着，遇见有人发广告传单，也给了小猴一张，小猴一看传单，立刻大叫："妈妈你看，这回肯定有人写错字了，不但'个'字的伞柄掉下来了，而且横插到伞头上去了！"这次你能帮帮小猴，告诉它这是什么字吗？

生：（激动地、大声地纷纷说答案）是"大"字！是"大"字！

师：听了这个故事以后，我们一定不会把"人""个""大"这三个字写错了吧！下面就让我们动动小手，同时动动我们的头脑，把这些字继续写漂亮吧！写字的时候也要动手又动脑啊！

在这个案例中，教师针对低年级学生主要以直观形象的具体思维为主进行设计，在教学时利用故事、谜语这两种活泼的形式，帮助学生记忆字形，提升专注力，不但加深印象，而且使之充分理解和记忆。

3. 游戏之钥

游戏作为一种有效的学习方法，不论对于高年级学生还是低年级学生，都能起到提升专注力的作用。为此教师可以用游戏之钥，组织教学活动，让课堂亮起来、活起来、有趣起来！

（1）角色游戏

学生在预设的活动中借助角色扮演，激发学习新知的乐趣，提升学习的专注力，从而更好地调动学习的积极性。

某教师在教学课文《马说》时，让学生分别选择文中的角色进行扮演，结果课堂特别生动，学生谈出了很多自己的体验感悟。最后教师让学生将自己的感悟写成文章。学生选择的"我"有的是千里马，也有的是平常马，写作时抓住了角色的语言、神态、心理、行为等方面，表演和写作符合文中相应马的身份和经历。

表4-1 角色扮演与文本的学习要求

类别	角色作文内容	感悟与启迪
A	"我是千里马""食不饱，力不足，才美不外现"，需要有识才的伯乐，要有相应的饲养、驱策、相处的方法。	家长和教师的教育也应该是"因材施教"。
B	"我是平常马"，在马的世界里，平常马是占绝大多数的，正如平常人。平常马食量不大，在同等饲料喂养下，平常马跑得比千里马要快、要远。	只要自己努力，就算资质平凡，也能有一番作为。平凡人如平常马，知道自己是平凡的，没关系，踏踏实实走好每一步就可以了。
C	"我是平常马"，但是经过自己的艰辛练习，终于成了千里马；而另一只的父母都是千里马，主人以为它也必定能日行千里，为它提供最好的成长环境，可惜最后"生于忧患，死于安乐"，它懒惰成性、只会把千里马父母挂在口边，却从未日行千里。可见平常马与千里马之间并非一成不变，也并非先天就占绝对优势。	人也是这样，如有聪明、记性好、理解能力不错的人，但由于种种原因，成绩却一落千丈；有的人虽然并不聪明，但是勤奋好学，所以成绩能保持在班里的前列。

表4-1案例中，教师将角色扮演与文言文的学习结合起来，让学生在扮演角色的过程中，提升专注力，体会角色的内心感受，从而写出一篇篇精彩的作文。这正是角色游戏的精妙之处。

（2）生活实践游戏

所谓生活实践游戏，即将所学的知识与学生的生活相联系，创建一种游戏形式，吸引学生的注意力，使之在玩的过程中学到知识，感受到学习的快乐。

某教师在教学口算练习中，运用了"开火车"的游戏方式。

师：这是一列火车。（出示一列有长长车厢的火车，每节车厢内均标有载客人数）

9   4   6   5   7   1   2   9   8

看1号车厢有多少人（9人），2号（4人）……

到站了，他们有的上车有的下车。我们来根据上车下车情况进行计算。

生1：1号车厢下车8人，还剩多少人？（9-8=1）

生2：3号车厢上车6人，现在多少人？（6+6=12）

生3：5号车厢下车5人，上车5人，现在多少人？（7-5+5=7）

······

火车载着旅客又向前方开去。

在游戏过程中，学生为了能当一名合格的小火车司机，口脑并用，专注且积极地参与活动，课堂的气氛相当活跃，学生的学习热情很高。

上述案例中，教师运用游戏之"钥"组织教学，提升了学生的学习兴趣，节省了练习时间，提高了练习效果。同时，由于游戏是学生熟知的生活中乘火车的情景，学生在练习的过程中还感受到了数学在生活中的应用。

（3）竞赛游戏

所谓竞赛游戏，即以比赛的方式进行的课堂游戏。在游戏中，教师创设情境，让学生个人对个人，小组对小组，学生对教师，采用不同的方式进行比赛，提升其专注力，达到记住所学知识，不断提升上进心的目的。

某初中数学教师在中考总复习的时候，引导学生运用抓阄法进行数学公式定理的复习。教师提前要求全班同学掌握、熟记公式及定理，而且要求全班人人参与。游戏开始前，教师按全班人数准备好相等数量的阄，每个阄都有编号或内容，一个编号对应着教材中的一个公式，内容有"公式将有哪些变形""公式有哪些应用""能解决什么问题"等。全班每个同学得到一个阄。然后教师将同类阄的同学分成一组，进行效果竞赛。于是课堂里出现了一幕幕激烈的竞赛场面。

上述案例中，教师针对不好理解和记忆的数学公式，采用竞赛这一游戏方式，帮助学生克服畏难心理，使学生产生了新鲜感，提升了专注力，积极参与游戏，并在课堂上保持了愉悦的心情，提升了教学效果。

（4）纸牌游戏

所谓纸牌游戏，即运用生活中娱乐所用的纸牌进行教学，使学生在玩的过程中，获得乐趣，掌握相应的知识。

【环节一】利用多媒体出现10张扑克牌

师：现在屏幕上出现扑克牌a~10，a代表数字1。

师：现在我们就利用屏幕上出现的3张扑克牌3、6、7进行24点的计算，每张扑克牌只能用一次，用"+、-、×、÷"的方法来计算。听清楚规则了吗？

学生：听清楚了。

【环节二】（屏幕出示）用3、6、7计算24点

师：现在请同学们拿出扑克牌3、6、7，先想想，再试试，然后告诉小伙伴。

（学生活动，教师巡视。学生汇报）

生：我看到6想到4，7-3=4，4×6=24，我用的口诀是"四六二十四"。

师：同学们非常聪明，想出了利用"四六二十四"这句口诀来计算24点。（板书：四六二十四）

师：要想很快地算出24点，还有没有其他的好方法呢？请你和同桌商量，然后再告诉其他同学。（学生讨论）

师：谁来汇报一下。

生：看8想3，看3想8，看6想4，看4想6。

生：记住两个口诀："四六二十四"和"三八二十四"，找到其中一个就可以算出24了。

师：你们太聪明了，既然你们已经掌握了计算的方法，你们想试试吗？

生：想！

【环节三】（屏幕出示）用2、3、4计算24点

师：请大家拿出这三张牌计算24点。

（学生汇报）

生1：2×3=6，4×6=24。

生2：2×4=8，8×3=24。

生3：3×4=12，12×2=24。

（出示3、5、9）

生：3×5=15，15+9=24。

师：同学们非常了不起。在计算24点中，除了"三八二十四""四六二十四"外，还有很多其他的算法。

【环节四】巩固练习

3人一小组，任选3张牌计算24点，一边算一边讨论，有多少种计算方法，并把它记下来。

（学生活动，教师巡视）

【环节五】汇报结果

师小结：同学们的方法很多，通过刚才小组讨论发现，在计算24点时，首先利用"三八二十四""四六二十四"，不能利用的话，再利用其他方法。

【环节六】用4张纸牌计算24点

1. 学生交流用4张扑克牌的计算规则

师：同学们利用3张牌计算24点，大家做得真棒！如果再加一张牌你能算得出来吗？

学生：能！

师：你们知道4张扑克牌的计算规则吗？和你的小伙伴说说。

2. 师生总结规则

4张和3张是一样的，都是每张扑克牌只能用一次，用"+、-、×、÷"的方法来计算。

3. 试一试

（出示1、2、5、8）

教师：既然大家都知道了规则，那么请和小伙伴说说这道题应该怎样计算？

生1：8-2=6，5-1=4，4×6=24。

生2：5-2=3，3×1=3，3×8=24。

生3：5+1=6，8÷2=4，4×6=24。

师：同学们想了这么多方法，智慧老人看见你们会用4张牌计算24点，他非常高兴，想请同学们到智慧宫去参加计算24点比赛，但要去智慧宫必须先闯关，一共有三关，只要顺利闯过三关，就会来到智慧宫，你们愿意吗？

生：愿意。（开展闯关游戏）

第一关：用1、2、3、4计算24点。

生：1×4=4，2×3=6，4×6=24。

生：2+4=6，1+3=4，4×6=24。

生：2×4=8，3×1×8=24。

……

第二关：用6、2、3、5计算24点。

第三关：用2、4、7、9计算24点。

师：同学们已顺利闯过了三关，来到了智慧宫，那里有好多小朋友在玩24点，让我们也加入他们吧！

（屏幕出示）智慧宫要求是4人一组，每人发一张牌，若出现不能计算时，每个人拿回自己的牌，重新再发一张。谁输了4张牌就给谁，谁手里的牌没了就赢了。

（学生活动）

【环节七】谈体会，布置任务（略）

三、活用提问之钥

教师提问的水平决定了学生的思考深度，决定了学生的专注力，也决定了课堂的秩序，在一定程度上更决定了教学效果和学习效果。因此，教师要巧用提问之钥，提升学生的专注力，创设学生高度参与的课堂。

1. 选择好要提的问题

要让提问成为提升学生专注力的"钥匙"，就要注意精心筛选问题，避免随意性。恰当的问题能够激发学生的思维，提升学生的求知兴趣，提高其专注力。

这是四年级的一节练习课。课上，华老师让学生判断课本上总复习中的一道题："4个1平方米的小正方形拼成的图形面积一定是4平方米。"

一个学生站起来说："不一定。如果4个小正方形摆成一排，或者是拼成一个正方形，那么它的面积是4平方米。可是，如果你角对角地拼，那它的面积就不是4平方米。"同学们都"啊"的一声，表示不理解和不赞成。发言的学生十分窘迫，老师并没有急于否定，而是耐心地问他："很难用语言来表述，是吗？那就把你的想法画在黑板上。"学生画图后，边指图边说："这个图形的面积就大于 4 平方米。"

原来，他把两个正方形中间的空隙也算入面积了。华老师没有简单纠正，而是问学生："这一块到底算不算？还得看究竟什么是面积。"一句话让学生回忆起相关的知识。学生纷纷发表观点，有的说："面积是围成的平面图形的大小。"还有的说："这个图形是这么围成的（注：生指图形的周长），因此那一块不应该算在内，这个图形的面积还是 4 平方米。"

最后，华老师总结道："通过刚才的讨论，我们对面积的定义有了更深的认识。那么，同学们，是谁帮助我们复习了面积的知识？"全班同学不约而同地将视线集中到刚才出错的学生身上。这个学生如释重负，没有了先前的羞愧。

在这个案例中，借提问向学生传递信息，让学生得到启发，从而更全面地考虑问题，复习了学过的相关知识，提升了学生的专注力，让问题得以顺利解决，也让课堂的气氛变得活跃生动起来。

那么如何选择要问的问题呢？具体来说，一要选择紧扣教学重点和难点的问题，以便抓住课堂教学主要任务，提升教学效果；二要选择疑而不难、引人入胜的问题，将难易程度控制在学生经过一定思考就能回答出来的程度，即处于学生"最近发展区"；三要选择有趣味性和吸引力的问题，即尽可能选择一些富有吸引力的趣味性问题；四要选择可以营造一种浓厚学习和思考氛围的问题，让学生的学习兴趣长存。

师：《七根火柴》文章主要写了两个人——卢进勇和无名战士，他俩谁是主人公？

学生有说是卢进勇的，也有说是无名战士的，各执己见。

师：谁是主人公，要从全文分析。……无名战士在什么情况下珍藏了七根火柴？你们知道他当时是怎么想的？

生 1：他想，我要把七根火柴交给部队。

生 2：他想，这每一根火柴都能给更多的同志带来光明和温暖。

生 3：他想，部队有了这七根火柴，就能战胜困难，走向胜利了。

生 4：他想，我死了算不了什么，要让更多的同志活下去。

生 5：他想，这火柴能点燃革命的烈火……

师：注意到无名战士是怎样珍藏这七根火柴的吗？这又说明了什么？

生 1：他把火柴并排摆着，夹在党证里，用硬硬的纸包好，放在腋窝里。

生 2：并排摆着，是怕火柴摩擦点燃。战士把党证看得比生命还重要，火柴夹在党证里，说明战士把火柴也看得比生命还重要。

生 3：腋窝里最不容易受潮，无名战士在生命垂危的时候，为别人着想。

师：那么，到底谁是作品的主人公？

生：（全班学生异口同声）无名战士！

师：谁说说理由？

生 4：作者着力刻画的是无名战士，文章的主题思想主要是通过无名战士表现出来的。

师：无名战士，并非真的没有姓名。作品以"无名战士"出现，有什么用意？

生 5：在漫长的革命历程中，有无数的革命先烈献出了他们的生命，却没有留下姓名。作者想告诉我们，这位战士是无数革命先烈的代表。

师：无数革命先烈为我们献出了宝贵的生命，我们该怎么办？同学们，你们要用实际行动做出回答。

这是名师宁鸿彬在教学《七根火柴》的片段。从片段中可以看到，宁老师选择的问题起到了设置悬念的作用，成功地吸引了学生的注意力，引导学生在主动分析和讨论中解开悬念，深化了学生对人物形象和文章主旨的理解。

2. 把握好提问的时机

要用好问题之钥，还要注意提问的时机，以便最大限度地调动学生的兴趣，提升学生的专注力，达到事半功倍的效果。

（1）在导入新课时提问

在刚上课时，学生需要一点时间进入学习状态，调节自己的意识，集中注意力。教师通过自己的提问可以很好地激发学生对这节课的兴趣，吸引他们的注意力，使之尽快投入学习。

在教学孟子的"生于忧患，死于安乐"一课时，教师首先问学生："我们现在经常说的'生于忧患，死于安乐'大家知道是从哪里来的吗？"这样的提问快速把学生的兴趣调动起来，使之很快集中了注意力，为课堂的良好延伸奠定了基础。

（2）在学生出现思维障碍时提问

学生处于不同学习阶段时，均会受到自身思维局限性的影响。因此，教师的提问就可以针对学生思维障碍发生的地方，对其进行纠正和引导，促进学生思维的发展和发散，提升其专注力。

问题1：牛顿第一定律的条件是什么？牛顿是如何得出的？

学生理解这个定律是有条件的，而且条件是没有受到外力作用，是理想条件，所以得出定律也是用"实验+推理"的理想实验法，这种方法论就不是强加给学生的。

问题2：牛顿第一定律的研究对象是什么？"时"是指哪一刻？"或"代表什么含义？

学生通过讨论得出研究对象是一切物体，包括运动的和静止的物体。教师指出牛顿第一定律中，"一切物体"是指地下物体与天上物体；"时"是指外力消失的那一刻；"或"指一个物体只能处于一种状态，到底处于哪种状态，由原来的状态决定，即原来静止就保持静止，原来运动就保持匀速直线运动状态。教师举例，"吊着的电风扇，忽然外力消失，电风扇处于什么运动状态？""运动会上，正在跑800米的同学，忽然外力消失，会怎样运动？""同学喜欢转笔，忽然外力消失，这笔会一直转下去吗？"学生对身边的例子做出解答，深刻理解牛顿第一定律的含义。教师再把主动权交给学生："你能举几个类似的例子吗？"学生举例，并体会这个没有外力的世界将会怎样。

（3）在重难点处提问

重难点是教学能否有效的关键点，也是学生理解出现问题的地方。此时教师适时提问，就可以启发学生有效思维，提升其专注力，进而使之在积极思考、共同讨论的过程中解决问题。

授课伊始，教师让学生首先在操作中体验一张纸的几分之几，一盒鸡蛋的几分之几，一个苹果的几分之几。在这些操作结束后问学生："你认为一个整体都包含哪些？"学生立刻醒悟刚才撕掉了一张纸的一部分，那张纸就是一个整体；圈画了一盒鸡蛋的一部分，那盒鸡蛋就是一个整体；切分了一个苹果的一部分，那个苹果就是一个整体。于是学生理解了"一个整体"也就是"单位1"这个概念。

这是某教师教学五年级数学下册"分数的意义"一课的提问。这是一节概念教学，也是学生在小学阶段关于分数学习的最后一个概念，同时这个概念的抽象难度比前几年的学习要大。教师从如何理解"单位1"开始，运用有效提问帮助学生理解。

（4）在学生无疑处提问

学贵有疑，如果学生不能提出疑问，恰恰说明学生没能进行深入思考。因此教师提问，可以选择在学生无疑之处。如此一来，问题就可以起到促进思考、提升专注力、营造探究氛围的作用。

（5）在知识需要迁移时提问

知识如果不能完成迁移，那就是浅表性的学习。指向核心素养的课堂教学，目的是让学生进入深度学习。因此，教师就要抓住知识发生迁移的时机提问，从而促进学生运用知识，实现积极迁移，即正迁移。

3. 变化提问的方式

教师在提问过程中，不能拘泥于某一特定的模式，而是应用多种提问方式，以达到提升学生的专注力，促成师生、生生之间密切配合，发挥学生的学习主体作用的目的。

（1）回声提问法

所谓回声提问法，就是针对学生提出的问题，教师再引出其他的问题，从而达到学生与教师的问题相互呼应，最终引导学生找到答案的一种方法。这种方法可以推动教学顺利进行，激发学生的思维，提升其专注力，引导其主动探索，从而让教学顺利开展。

创造学生高度参与的课堂

上课伊始，教师让学生自由提出疑问。

生1：课文中有这么一句话，这些恒星系大概有一千万万颗以上的恒星，这里的"万万"是多少？

（一问完，全班同学都笑了。"万万"就是亿啊，这是小学知识。提问学生非常后悔自己提这样一个被人嘲笑的问题）

师：同学们不要笑，也不要小看这个问题，它里面有学问呢。哪位同学能看出其中的奥妙？

生2：我觉得"万万"读起来响亮许多，顺口多了。

师：讲得好！其他同学还有高见吗？

生3：还有强调作用，好像"万万"比"亿"多。

（同学们热烈地讨论起来……）

师（总结）：通过对"万万"的讨论，我们了解到汉字重叠的作用，它不仅读起来响亮，而且增强了表现力。那么请同学们想一想，我们今天这个知识是怎样获得的呢？

（全班同学不约而同地将视线集中到刚才发问的学生身上。这个学生如释重负，先前的惭愧、自责一扫而光）

这是于老师在教学"宇宙里有些什么"时采用的回声提问法。从案例可以看到，教师是信息的重组者和生成问题的推进者，借助于"设疑反问"提升了学生的专注力，打破了学生的思维定式，让其主动跳出原有固定的思维模式，学会从不同方面进行思考，用更客观的态度去分析、解决问题，进而找出正确的答案。在这里，变"设疑"为机智的"反问"，既让学生学到了新的知识，更保护了学生的自尊心，培养了学生敢于提问的精神，使原本尴尬的课堂又焕发出勃勃生机，创造了不可预演的精彩。

（2）认知提问法

所谓认知提问法，就是针对学生的认知问题，教师有意识地设问，引导学生发现自己的错误，提升其专注力，使之寻找问题的答案，推动教学环节的进行。

某教师在讲授高中历史必修一第14课《甲午中日战争》时，先展示了一段材料："1888年12月17日，北洋水师正式宣告成立，从此，近代中国正式拥有了一支在当时堪称世界第六、亚洲第一的海军舰队。1894 年的甲午海战中，中国北洋舰队与日本联合舰队在辽阔的黄海海面进行了激战。这是一次悲壮的海战，两支装甲舰队的激战是世界海战史上装甲舰队的首次决战。1895 年甲午战争结束后，部分北洋海军舰船被日军俘虏，在威海等地战沉的一些北洋海军舰船也遭拆解。至今，有关舰船的遗物在日本各地仍能寻觅。"学生看完材料后探究造成结果原因的想法随即产生。教师接着追问："曾经威震世界的北洋水师为何败给日军，葬身大海？"如此设置悬念，将学生置于一种悬念的氛围中，激起认知冲突，从而使学生产生解决悬念的迫切需要和动力，从而推动教学环节顺利展开。

在这个案例中，教师故意利用学生的认知矛盾，创设矛盾情境，把学生置于认知冲突的氛围中，使学生产生解决矛盾的迫切要求，迫使学生产生强烈的求知欲，激发学生的积极思维。通过思考、交流、讨论，学生对问题有了更深刻的理解，从而使自身的知识结构得到进一步的拓展和完善。

（3）推理提问法

所谓推理提问法，又称因势利导法，就是引导学生从浅处入手，一步一步发现问题答案的课堂教学方法。它对于学生的逻辑思维训练和推理能力提升都是极好的锻炼，也是驾驭课堂的一种重要的方法。

这是某初中物理教师在一堂高压输电课上的提问。

师：在输送电能过程中，会有什么损失？

生：会有热损失，且知道 $Q = I^2Rt$。

师：要使热损失减少怎么办？

生：应减小 I 或 R。

师：怎么样才能减小 R 呢？

生：（抢着回答）增大导体的横截面积、用铜线或银线。

师：这两种方法理论上可行，实际上却行不通，因为这样造价太高，施工也不方便，导体的电阻还与什么有关呢？

生（思考）：电阻还跟温度有关。

师：那么怎样才能降低温度呢？

（学生讨论一会儿，找不着正确答案）

师：夏天若你还穿很多衣服，感觉怎样？

学：很热。

师：要散热你会怎么做？

生：脱衣服。

师：对了，同理，导线要散热该怎么办呢？

生：（带着疑问）不可能将绝缘皮剥开吧？

生：（反驳）若没有绝缘皮，鸟栖在上面不是会被电死了。

师：鸟会被电死吗？

（学生开始讨论起来，大家回顾以前所学知识，知道鸟不会被电死，因为鸟没有和地形成回路，电流无法通过鸟）

生：以前我家老鼠被电死，从天花板上落下，又是怎么回事呢？老鼠不是也没碰地吗？

师：若你以前的家是木房的话，家里的火线和零线并排靠得很近，而绝缘皮都被老鼠咬坏了，刚好老鼠一脚踩到火线另一只脚踩到零线，这样就形成了回路。这叫什么触电？

生：这叫双线触电。

师：若你家是钢筋水泥房子的话，钢筋水泥和地是连在一起的，老鼠一脚踩到火线另一只脚踩到地线，这样就形成回路。这叫什么触电？

生：这叫单线触电。

生：老师，如果人站在地上一手碰到火线，肯定会触电，若站在桌子上一手碰到火线，会触电吗？

师：不会。

生：我家前几天来了一个电工，站在桌子上用手拿着电笔碰火线，为什么电笔也会发光？

师：这是因为我们家里用的是交流电（已学过），电笔测得的也是交流电，这时人和地面间虽有绝缘的桌子，但实践上人和地之间相当于一个电容，只是这时通过电笔、人体及人体与地之间电容的电流很小，电笔会发光而人不会触电。至于什么叫电容，等到高一时就会学到。

生：老师，若人在火线上做单杆运动，会触电吗？

师：同学们你们认为呢？认为会触电的请举手。（举手的学生还是大部分）答案是不会触电（他们都感到很惊讶）。人在火线上做单杆运动，相当于人体与一段导线并联，而人的电阻比导线的电阻大很多，相当于人体被短路了，大部分电流从导线经过，就是有电流通过人体也是很小的，所以不会触电。

在这个案例中，针对教学内容，教师向学生提出问题后，引导学生结合生活现实一步一步推理出答案。在这种思考的气氛之中，教师培养了学生的创新精神，更有利于课堂教学的顺利进行。

主题 2

设计激发情绪的活动

课堂教学中，师生、生生之间如果始终能和谐地互动，那么学生的情绪就会处于高昂的状态，保持极高的专注力，进而积极参与到课堂教学中，整个课堂也处于一种愉悦、轻松、和谐的氛围，从而提升学习的效果。

一、情绪与专注力

作为心理学上的两个术语，情绪是对一系列主观认知经验的统称，是个体从事某种活动时产生的心理状态。专注力作为人在进行某项活动的心理状态，显然与情绪有着密切关系。

1. 情绪影响专注力

情绪影响个体的专注力。研究表明，当个体处于情绪激动的状态下，会将专注力从对外界刺激转移到自己的感受上，此时专注力的范围变得狭窄。因此一些研究者认为，情绪可以增加个体的专注力，进而提高个体的认知表现。另一些研究者则认为，情绪会分散个体的专注力，影响其认知表现。这均表明，情绪对个体的专注力有着复杂的影响。

2. 情绪风格等于专注力风格

不同的个体在对待同一件事情时的情绪反应，表现出不同的差异，这种差异就是每一个个体的情绪风格。它是衡量个体情绪特质的标准，会影响特定的情绪状态、情绪特质和心境出现的可能性。据此，理查德·戴维森在其作品《大脑的情绪生活》里，通过科学实验，将情绪拆解成 6 个维度。

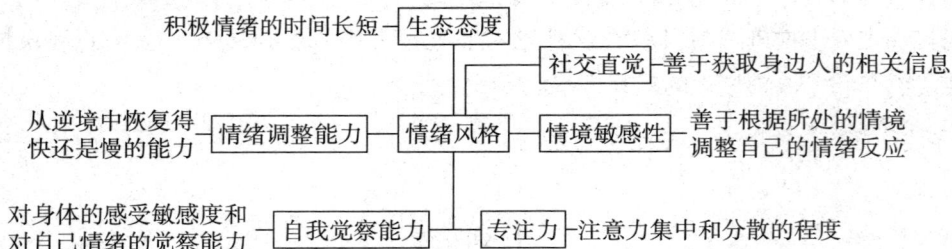

图 4-1　情绪的 6 个维度思维导图图示

在图 4-1 中，自我觉察能力要求个体专注于来自身体内部的信号，社交直觉则要求个体专注于社交信号，情绪调整能力、情绪敏感性和生活态度都要求个体专注于情绪传达的信息。由此可见，专注力是我们情绪风格其他维度的基石。这或许就是理查德·戴维森之所以将专注力纳入情绪风格的原因。我们周遭的环境中有很多情绪的元素，这些情绪不断"争夺"人的注意力。这就是上文所说的情绪激动的人很难集中专注力的原因。因此保持稳定的内在方向感，平静从容地抵制干扰而集中注意力，就成为情绪风格的一个方面，也就有了"情绪风格等于专注力风格"的说法。

3. 心流：情绪专注

积极心理学研究者克里斯·贝利在其作品《专注力：心流的惊人力量》一书中，将人类的思维模式分为专注模式和发散模式。他认为专注模式是大脑最有效能的模式，而发散模式是大脑最有创造力的模式，二者虽然看似互不相关，但实际上是可以相互促进的。

首先，个体需要从事某种创造性工作时，需要先进行发展性思维，从而获得信息和帮助，继而进入专注模式，得到需要的结果。这证明专注模式和发散模式是互相需要的。

其次，专注力和创造性思维训练表明，要发展个体的发散思维需要对个体进行专注力训练，个体进入专注状态一段时间后同样也需要进入思维发散状态，以让自己获得休息、补充能量，这表明二者之间又是互相成就的。

综上所述，个体的思维会经历"专注—发散—专注"的过程，在这一过程中专注力得到极大提升，进而进入心流状态，即一种浑然忘我、忽略时间流逝的状态，并由此产生强烈的幸福感。这种状态就是情绪专注，是指在做一件事情时，个体可以全身心地感受这件事，且将注意力全部放在与当前事务相关的事情上。

二、多种方式唤起情绪专注

情绪专注可以让我们全身心地投入某件事情中，达到浑然忘我的境界，体验到做事的幸福感。基于这种理论，课堂教学要促使学生高度参与其中，就要注意从情绪专注入手，让学生全身心地投入其中，获得学习的幸福感。

1. 利用师生互动

良好的师生互动是师生之间进行的认知交流和情感交流，因此双方可以得到积极的情感体验，使双方投入课堂教学中，共同解决教学中的问题，收获美好的教学与学习体验，增加其幸福感，有利于实现高效参与课堂教学的目标。

教师板书一组学生学过的短语，要求学生齐读（每个短语读三遍）。

（板书 go camping, go hiking, go swimming, go shopping, go sight-seeing, go skateboarding, go to the park, play basketball, go bike riding, go fishing…）

师：现在我说汉语，同学们快速说出对应的英语（去踢足球，去骑单车，去野营，去游泳，去钓鱼，去上网……）。

师：OK. Tomorrow is my birthday. I'll ask some of you to my birthday party.（设置情景，调动学生，并引入本节课第一、第二两个教学内容）

师：（发出邀请，找三个学生回答）Can you come to my party?

生1：Sure.

生2：Yes.

生3：Certainly.

师：（就生3的回答问全班学生）Can she / he come to my party tomorrow?

生：Yes, she / he can.

师：肯定回答有这样几种形式（板书并范读。同学们按每一种问答形式各读一遍。生齐读）

……

上述案例中的课堂教学体现了师生互动的特点，正是这种互动让英语学习变得生动有趣，增加学生的幸福感，提升其专注力。

2. 巧用师生共情

师生共情，就是师生之间在情绪和情感上产生共鸣。在教学过程中，当教师与学生在情感上达到一致时，就能形成融洽积极的课堂氛围。处于这种氛围中，学生感受到的是被认可、被关注，教师感受到的是被需要，因此课堂教学对双方产生了极大的吸引力，进而促使学生高度参与教学中。

窦老师在执教《晏子使楚》时，出现了许多师生共情的场面。

师：（夸张地拍拍学生的肩）你怎么这么会读书呢！看你把晏子的心理活动都读出来了。

师：你的回答就是与众不同，别人想到楚王的无礼、傲慢，你则想到楚王的可爱。了不起！

师：（笑得很灿烂）我看到你们脸上灿烂的笑了！

师：（竖起拇指）真是太精彩了。第一个掌声送给你，是因为你读人家的文章，读人家的语言，能把别人的语言变成自己的语言，这就是一个运用语言的过程。第二个掌声送给你，是因为你刚才精准说出晏子委婉地直指楚王的要害。

师：这句是典故，孩子们快快背进脑瓜里，看看谁将来也能用上这句话，这句话可大有说法。快快背一下。

师：（语调越来越高）其实我走了好几桌，我都能听见同学们的读书声和同学们的发现，你们真了不起，会读书啊！谁来谈谈？想说哪就说哪，两名同学想说了，三名、四名、五名！越来越多了！好！请你来说说！

师：（频频点头）可以。你们认为呢？真不错，特别是哪一句读得好？

师：（握学生的手）我非常想和你较量一下。

师：如果我是你，我一定说"谢谢你的指导"。

师：是我听错了，还是……我觉得这里应该……

师：音色也好，读得也顺，这几个字音应该……不信你自己再读读，一定会更好。

师：（有力量的抚摸）你看，你的朗读、你的认识让我们感受到这么多的快乐。

师：（摸学生的头）孩子，谢谢你的发现。

师：（夸张地拍拍某生的肩）晏子什么也没改，他的秉性、他的潇洒和自信。虽然我很矮，我很小，但我气质不凡。

师：掌声！你苦笑一下啊！

生：哈哈哈哈哈。

师：谢谢，这种苦笑装得真不容易。再来！还有怎么笑？

师：亲爱的同学们，笑一笑那叫一笑解千愁。用我们课前背的诗来说就叫"谈笑间，樯橹灰飞烟灭"，用现在的时髦词那叫笑傲江湖。

师：那叫智慧。哎！就是这故意地笑一笑，如同学们所说的那样，笑出了自信，笑出了幽默，笑出了潇洒，小个子晏子我依然风度翩翩，依然有气质，依然这样倜傥、有魅力！

师：谢谢亲爱的同学们，让我们再次为晏子的智慧喝彩！

在上面的案例中，窦老师及时捕捉课堂的点滴契机给予学生中肯、富有激情的评价，这种共情一点点激发学生的信心，一点点燃学生的激情，引领着学生渐入佳境、专注地学习，从而使课堂高潮迭起，使学生萌发出智慧之花。

3. 善用微笑感染

教师的微笑可以强烈地影响学生，让学生感受到教师的平易近人，使之放松、轻松地进入学习状态，在体验到学习快乐的同时，培养了信心和力量，从而提升其专注力，使其勇于发现问题、提出问题并解决问题。

师：同学们，请大家先把本课要讲习的内容浏览一遍，把你认为是重点的地方标出来，10分钟后我们开始讲课。这10分钟里，你们可以自由讨论。

（学生们开始埋头阅读课本，并时不时进行讨论一番。时间10分钟）

师：好了，大家都看完了吧？上节课我们学习了隋唐时期的内容，哪位同学回答一下隋末农民战争爆发的原因是什么？结果怎样？

生1：农民战争爆发的原因是隋炀帝的暴政，而结果是在隋朝统治土崩瓦解的形式下，唐朝建立起来。

师：（赞许地看着他）对。隋朝灭了，江山落入李氏父子手中，公元618年唐朝建立，并从太宗时期开始进入繁荣阶段，史称"贞观之治"；到玄宗前期进入鼎盛时期，史称"开元盛世"。今天，我们将学习唐朝极盛时期的历史。那么，同学们，在这一时期，你们认为影响最大的是哪一段？

生2：陶先生，我觉得"贞观之治"和"开元盛世"最重要了，因为在这两个时期唐朝正处于鼎盛时期。

生3：不，我觉得"贞观之治"才是重中之重。

师：（微笑地看着生3）你的理由呢？

生3：（或许是被陶先生的微笑感染了，声音更加坚定）因为唐朝正是从这个时期开始兴旺起来的。

师：（依然微笑）可以说得具体一点吗？

生3：（沉思了一会儿）唐太宗李世民借鉴了隋朝灭亡的教训，比较注重各方面的发展，唐朝才开始兴盛起来，才会有后来的"开元盛世"。

师：（点头）说得不错，这确实是一个重要阶段。那么，为什么历代王朝第一位君主往往都比较重视社会生产呢？待会儿我们会详细讲述。苏同学，你刚才认为"开元盛世"也是一个重点，你的理由呢？

生2：（立即站了起来）这段时期不仅是唐朝的鼎盛时期，也是我国封建社会前所未有的盛世时期，理所当然是一个重点了。

师：（笑逐颜开）有道理。那么，除了这两个重点外，大家谁还有不同意见？百花齐放啊，大家有话尽管说。

生4：老师，武则天统治的时期是不是也是一个重点呢？

师（笑）：问得好，"贞观之治"是一个开端，但"开元盛世"并不是直接在"贞观之治"的基础上发展起来的，所以说武则天在位的这段时期也不容忽视。唐高宗时武则天掌权，后来称帝，是我国历史上唯一的女皇帝。她统治期间，继续推行唐太宗的政策，社会经济不断发展，可以说她在位的时期上承"贞观"下启"开元"。下面我们开始详细讲述这三个时期。

（带着自己找出来的几个重点，学生们顿时有了明确的方向感。一节课接近尾声）

师：谁能说出本节课的重点内容？

（立即有很多同学举手）

生5：我发现，如果把我们前边分析过的几个重点串起来，就是这节课的一条线索。

师：（十分满意地点点头，哈哈大笑）说得对，既然大家都这么聪明，那么，以后课堂的重点和线索就交给你们自己去找了！

这是陶行知先生执教《从"贞观之治"到"开元盛世"》一课的教学过程。从教学过程可知，在整个教学中，陶先生都是在笑着授课。他先是微笑，到最后甚至哈哈大笑，这笑容感染了学生，从而为学生创设了轻松的学习氛围，提升了学生的专注力，使学生获得了学习的幸福与快乐，最终乐学、爱学。这正是微笑感染学生的情绪作用。

主题 3
创造意外的惊喜

课堂资源无处不在，教师要创造学生高度参与的课堂，就要善于发现和利用课堂教学资源，巧妙地利用教学中的突发事件，使之成为意外的惊喜，以吸引学生的注意力，提升其专注力。

一、创造意外惊喜

教师要珍惜课堂生成资源，用好课堂生成资源，给学生带来意外的惊喜，使之对学习产生兴趣，进而提升专注力，投入其中。

1. 活动创新

教师要在课堂教学中创造惊喜，首先可以在教学活动上动脑筋，让学生在活动中获得不一样的体验和感受，从而在惊喜中收获、在惊喜中成长。

【导入环节】

教师像平时一样在教学开始前和学生聊起天来，随后播放了一段国庆阅兵的视频，抛出了课堂话题"阅兵时亮相的车里面构造是怎样的"，由此引入本节课要学习的主题"铰链四杆机构的类型及判定"。

【教学活动】

1．"刮刮乐"游戏

待学生进入学习状态后，教师让学生轮流上台"玩"起"刮刮乐"游戏，即在电子屏幕上操作，将刮出来的图片结合动态图指出各个杆件的名称，并说出属于哪种类型。答对问题的学生会得到教师的奖励。整节课上笑声不断。

2．新课讲授

游戏后，教师通过动态图，让学生观察其运动规律，分析出曲柄和摇杆，再通过动画展示铰链四杆机构的运动类型，分析出铰链四杆机构具有双曲柄、双摇杆、曲柄摇杆三种类型。

3．难点解决

进入课堂的难点内容"如何确定是否存在曲柄"，教师通过教具演示后，让学生4人一组，组员之间相互探讨、组装、尝试、寻找规律。经过一番激烈讨论，加之教师的指导，学生们最终找出存在曲柄的条件，顺利突破难点内容。

这是某职业学校的一节公开课。在这里，教师创造性地运用了经常在幼儿园和小学里见到的活动方式，给学生创造了意外的惊喜，激发学生的学习热情，提升其学习的专注力，从而增加学生学习的信心。

2．制造冲突

要制造意外惊喜，教师还可以在教学过程中制造冲突，尤其是要让学生在冲突中感受到意外，从而吸引学生的注意，提升其专注力。

某高中物理教师在教学"涡流"一课时，首先问学生："磁铁能否吸引铝质物体？"学生纷纷表示不能。然后老师进行了演示实验，用颗钉子支起一个铝锅盖，手持一条形磁铁在铝锅盖上方做圆周运动，结果铝锅盖跟着磁铁转动起来。学生由此产生了疑问：磁铁怎么会对铝产生力的作用呢？这样一来，进一步探究的兴趣就产生了。在"磁铁运动—感应电流—涡流"的教学环节中，学生一步一步探究涡流产生的原因和其应用，最终获得新知。

兴趣是最好的老师，一旦那些习以为常的事物或固定的思维受到挑战，与自己的原认知形成偏差，个体就会基于对完全相反的认知产好奇心而乐于挑战。在这个案例中，教师巧妙地借助"磁铁让铝锅盖转动"这一事件，将学生个人的经验和书本上将要讲述的学习内容联系起来，引发学生的认知冲突，使之格外专注于教学内容。接着，在激发其学习兴趣的基础上，教师引导学生主动进行科学探究活动，在提高其探究的积极性和主动性的同时，也提高了探究的效率。

某小学数学教师在教学四年级"认识整万数"这一内容时，为每个学生准备了一个计数器，计数器只有个、十、百、千四个数位，教学中师生共同完成拨数游戏，依次拨出 3、30、300 和 3000。学生很快就发现了其中的规律，并快速地拨数。此时，教师抓住这一知识的生长点顺势提问："既然大家已经找到规律，猜猜看，第五个数该拨谁了？怎么拨？"在老师的引导下，学生同桌之间进行合作，最终想出"将两个小计数器合并成一个大计数器"这一答案。

在这一案例中，教学对象是四年级学生，他们只具备了"认识万以内数"经验，而"整万数的认识"只凭借其原有的认知结构已经无法实现对新知的同化，需要借助知识结构，在重构中完成对新知的理解与掌握。教师巧妙地抓住学生认知结构中原有的知识（整万数的认识）与新学习的知识（整万数的认识）之间存在相似而又不完全相同之处——当一个数出现万级后，不再沿袭原有的读数方法，而改之以"分级计数"的方法，制造认知冲突，吸引学生的注意力。结果在强烈的认知冲突中，学生全身心地投入其中，以一种直观、形象的方式构造出"级"的雏形，建立了对分级计数方法的深刻理解与感悟，为随后进一步感悟并理解"分级计数"的数学模型奠定了基础，体验了成功的喜悦。

3. 拓展内容

要创造意外惊喜，还可以对教学内容进行拓展。这种拓展的前提是要建立在出乎学生的意料之外，但是又在情理之中的内容上，这样才会给学生带来惊喜。

某小学数学教师在教学"简便运算"这一内容时，设计了如下练习题：求 $2.5 \times 3.2 + 0.25 \times 68$ 的计算结果。针对学生大多采用了"$2.5 \times 4 \times 0.8 + 0.25 \times 4 \times 17$"这样的计算方法，这位老师问："可以尝试使用乘法分配律吗？"但是这道题里根本没有相同的数。老师又继续问："可以想法找到一个相同的数吗？你怎么做？"结果学生的思维被激活，一下子打开了，在 2.5 和 0.25 之间，可以做一个转化，将 2.5 缩小 10 倍就变成了 0.25，或者将 0.25 扩大 10 倍，就变成了 2.5，于是可以将"0.25×68"中的 0.25 转化为 2.5。接下来，无需老师督促，学生继续深入探究，发现要让 0.25×68 的积不变，就要乘以 10，因而转化为 2.5×6.8。如此一来，学生就学会了运用乘法分配律进行简便运算，拓展了教学内容，获得了意外之喜。

在这个案例中，教师就有效地捕捉了学生的思维发散点，另辟蹊径进行引导，以此激活学生的认知冲突，使之发现了乘法分配律的简便算法，发展了学生的创新思维。

二、变意外为惊喜

教师除了对教学活动、教学方法和教学内容的创新外，还可以巧妙地利用课堂上的一些突发事件，给学生创造意外的惊喜。

1. 发现意外中的潜能

课堂教学是一个瞬息万变的过程，经常会有意外发生，如果教师能发现意外中的潜能，就可以化意外为惊喜，使其成为提升学生专注力的重要手段。

某教师在教学"100 以内数的认识"时，组织学生小组合作用塑料棒摆出数字 55（每个学生有 20 根塑料棒），此时组员之间自觉寻求合作伙伴，摆出塑料棒阵形。忽然，一个学生气呼呼地站起来，打破了融洽的活动氛围："老师，小 A 非常不配合，一直埋头玩自己的！"（小 A 听到自己被告状，非但不恼怒羞愧，还在偷笑）

师：小 A，你有什么喜事，笑得合不拢嘴，和大家分享一下，好吗？

小 A：老师，我自己就可以搞定，不需要合作者。

师：是吗？那让我们见识见识你的方法。

小 A：我用 1 根魔法棒代表 10，用 1 根塑料棒表示 1，5 根魔法棒和 5 根塑料棒合起来就是 55。

师：这样摆，成吗？

（学生们面面相觑……）

师：小 A 的做法很独特，富有创意，用了假设法，真了不起！其他同学是否可以仿效她的做法，用两种颜色的塑料棒摆出 86？

生：我用 1 根粉红色的塑料棒表示 10，1 根墨绿色的塑料棒表示 1，8 根粉红色的塑料棒与 6 根墨绿色的塑料棒合起来就是 86。

在这个案例中，小 A 的奇思妙想虽超出了教师的预设，但教师没有加以制止，而是因势利导、循循善诱、不露声色地点拨，于是化意外为惊喜，提升了学生的专注力，使课堂教学步步深化，将课堂生成推向高潮，使得学生的创新能力和创造潜质得以充分发挥。

2. 激活意外中的生机

学生在课堂学习过程中如果能自主学习、各展所长，就可感悟教学内容，理解学科知识的生成，明白认知冲突是如何发生的、人物形象是怎样塑造的、主题思想是如何表现的，从而体验到学习的乐趣，收获学习的幸福。

某教师在教学"5 的乘法口诀"时，放大主题图界面中的 5 张脸谱图，其中每张图上有 5 张脸谱，打算用这些脸谱作为素材，诱导学生学会 5 的乘法口诀。课上，当教师点击画面弹跳出第一张图，宣读这节课的主题时，学生中冒出一个声音："这个我知道了！"接着有人附和道："我也弄懂了！"

师：你们真是神童！谁来默背一遍。

生：（异口同声）一五得五，二五一十……

师：老师看出来了，大部分同学背熟了，少部分同学还很生疏，怎么办呢？

生：这还不好办，我们教他们。

师：互帮互助，助人为乐，值得嘉奖！但充当"小老师"的同学不能直接代言代劳，告诉对方答案，否则就是犯规。现在请琢磨琢磨，怎样帮忙才不会犯规。

（大部分学生开始骄傲神气地当起了"小老师"。通过几分钟短暂的交流，学生不但归纳出五句口诀，而且形式各异，各有特色……）

在上述教学案例中，教师面对学生"我知道了""我也弄懂了"的意外，不是死板地沿着预设轨迹发展，而是灵机一动、灵活处理，让学生当"小老师"，巧妙地化"险"为"夷"、化"敌"为"友"，既彰显了教学智慧，又提升了学生的专注力。

专题五
发挥场域的力量

　　场域不仅仅是教学的物理环境，更是学生共同互动和学习的心理空间。从学生的角度出发，我们要创造一个充满活力和互动性的学习环境，激发学生的好奇心、思维能力和创造能力，引导学生积极地参与课堂讨论和活动，体验到学习的乐趣和成就感，让课堂成为学生探索、创造和成长的沃土。

主题 1

营造竞争场域

在现代教育领域，教师面临着一个重要的挑战，即如何培养学生的自主学习能力和积极主动参与课堂教学的动力。竞争场域可以激发学生的潜能，促使他们充分投入学习过程中，因此营造竞争场域成为一种被广泛应用的教学策略。

一、认识竞争场域

在教育教学上，竞争场域是指在教学环节中，通过设定学习目标、奖励机制和评估标准，激发学生之间的积极竞争，促进他们实现个人潜力的教学环境。它是学生学习和教师开展教学的一个重要组成部分。要营造竞争场域，教师就要了解影响竞争场域形成的要素。

1. 动机和目标

竞争场域的竞争性，决定了动机和目标是其重要的形成要素。依据马斯洛的需求层次理论，当一种需求成为人采取某种行为的决定因素的时候，它就是个体的行为动机。动机必须有目标，换言之，缺少了目标（愿望），个体的行为就失去了方向和动力。在课堂教学中，学生只有树立了恳切的学习目标，才能产生学习的动机，因此，动机是目标（愿望）背后的核心要素。学生处于课堂竞争场域中，会产生强烈的实现某种目标的愿望，如得高分、争取荣誉、获得教师的认可等，由此产生了积极参与课堂教学的动机。不同的学生个体，动机的强烈程度不同。

2. 学习资源和机会

处于课堂这一竞争场域中，学生要达成目标，需要两个要素：一是学习资源，二是机会。前者包括学习时间、学习资料（教材、辅助资料、学具、学习环境、学习小组和学习方法），后者包括思考的机会、讨论的机会、表现的机会、教师的关注和反馈、参加特殊活动等。学生掌握的学习资源越多，获得的机会就会越多。不同的学生个体因其掌握的学习资源不同，其获得的机会也不同。

3. 学习任务和表现

就课堂教学而言，学习任务是指学生要完成的各种各样的有目的的活动。学生在完成学习任务过程中的言行举止就是其课堂中的表现。在完成同样的学习任务过程中，不同的学生个体，表现也不同。这种表现的不同，体现在完成任务的速度、质量上，进而会出现竞争，尤其是在小组合作学习中。

4. 教师的评价和反馈

教师的评价和反馈是指教师对学生在课堂教学活动中的表现进行评价，以及给予相应的反馈。二者在课堂这个竞争场域中发挥着重要的作用，不仅能够指导学生的学习，还可以影响学生在竞争中的表现和动机。

需要注意的是，健康的课堂竞争场域并不意味着只关注成绩排名，而是为了保持一个积极和有益的竞争环境，以促进学生的全面发展，鼓励学生之间互相学习和支持，培养合作精神。同时关注学生间的个体差异和需求，通过评价和反馈给予适当的关注和关怀。

二、营造竞争场域的意义和作用

竞争场域是指教室中学生之间为争夺优秀成绩和表现而产生的竞争环境，这种竞争并非负面，而是通过正向的竞争关系来激发学生的学习动力。营造这种竞争场域有着积极的作用。

1. 激发学生的学习动力

营造竞争场域可以激发学生的自我意识，激发情感，使之更好地展现其个性。在课堂竞争中，学生可以实现自我价值，并感受到巨大的满足。他们可以在课堂上相互比拼，碰撞出超越书本的智慧，从而实现课堂教学的效果。

2. 培养学生的自主学习能力

在竞争环境中，学生需要更多地依靠自己的努力和智慧来获得好的成绩。他们将通过不断地自主学习和自我探索，提高问题解决能力和思维创新能力。

3. 培养团队合作精神

发生在课堂中的团队竞争，可以使学生获得个人的成就感，学会与他人合作、交流和分享。这有助于培养学生的团队合作精神和沟通能力，为其将来的社会交往打下基础。

4. 有助于改变教师的角色

营造竞争场域有助于改变教师的角色。教师不再是独裁者，而是更多扮演观察者、组织者、引导者和规则制定者。教师与学生之间处于比较平等的关系，学生的自主性得到增强，教师的主导性相对减弱。这种竞争式的课堂可以培养民主氛围，促进民主教育的实施。

三、"玩转"竞争场域

教学实践表明，引入适当的竞争元素可以帮助学生产生自我意识，发挥个人潜能，并在实现自我价值的过程中获得满足感。在了解课堂竞争场域的基本概念后，要探索如何将竞争落实到实际教学中，以营造高度参与的课堂，教师需在教学设计和教学组织中灵活运用相关策略，激发学生的学习动力和情感投入。

1. 抓住心理特征，营造竞争氛围

在教育中，抓住学生的心理特征并营造积极的竞争场域是一项重要的任务。通过理解学生的心理特征，并根据这些特征来设计和引导课堂竞争，可以为学生提供一个积极、有益的学习环境，帮助教师更好地激发学生的学习动力和兴趣，促进他们在学习中取得更好的成绩，进而推动他们的学习发展。

在讲解长方形的周长时，教师告诉了学生长方形周长为 18 m，让学生尝试分配长方形的长度和宽度，并要求学生把自己想到的方案陈列出来。问题一提出，一学生的"$(4+5) \times 2 = 18$ m"方案可行，教师表扬了这位学生。这时其他学生似乎不肯服输，立刻抢答："$(3+6) \times 2 = 18$ m 也可行。"随后，$(2+7) \times 2 = 18$ m、$(1+8) \times 2 = 18$ m 等多种方案被提出来。通过设计一个简单的问题，在课堂上给学生创造了竞争的环境，促使不甘落后的学生参与到课堂竞争中，激发学

生自主学习、独立思考、互相进步。

2. 依据学生层次，注重分层竞争

每个学生都具有独特的学习能力和发展潜力，而分层竞争可以在课堂中提供一个更加个性化和动态的学习环境。依据学生的不同水平和层次进行分组，可以有效地满足不同学生的学习需求，激发他们的竞争意识和进取心。

教师在课堂上提出一个难度较小的问题，可以指定由各组 C、D 层次学生竞答；提问难度较大的问题，则可以由 A、B 层次学生竞答。布置作业时，可以规定所有层次学生都要完成的必做作业，也可以布置不同层次学生选择完成的分层作业。在布置课前预习任务时，D 层次学生可以在书上画出基本知识，C 层次学生要能用自己的语言描述，但 A、B 层次学生要提出问题，甚至根据知识点设计习题或进行课外知识拓展。在实施分层竞争策略时，要求教师不仅设计好任务或问题，而且要预先设计好完成该任务或问题的学生层次和竞答规则。

3. 依据丛林法则的提问抢答式竞争

依据丛林法则的提问抢答式竞争是一种在课堂中运用丛林法则的竞争方式。在这种竞争中，教师提出问题后，学生积极抢答，争取成为第一个回答正确的学生。这种竞争模式可以激发学生的学习积极性和竞争意识，促使他们更加专注和努力地学习。

在提问抢答式竞争中，学生们之间的竞争是基于知识的掌握和理解程度，符合丛林法则中"适者生存、优胜劣汰"的原则。那些具备较好的学习能力和知识储备的学生，往往能更快地给出正确的答案，从而获得更多的赞誉和肯定。这种竞争过程有助于发掘学生的潜力，激发他们在学习中的自我意识和成就感。

《走一步，再走一步》课堂教学暖场环节，我设计了针对记叙文的六要素的抢答活动。这个环节学生情绪热烈，其记忆潜能得到了很好的激发。

《出师表》课堂教学中，学生充分朗读后，我给学生足够的时间查《古汉语常用字字典》和向老师请教。学生准备妥当后，我将学生应该掌握的重要字词一一展示，请学生抢答。这个环节有效激发了学生的自主探索能力和记忆能力。

创造学生高度参与的课堂

《唐雎不辱使命》课堂教学中，针对课文的理解，我展示出一系列问题：故事的人物有哪些？主要人物是谁？故事的主要矛盾是什么？最后的结果怎样？唐雎给你的第一印象是怎样的？让学生通过抢答，完成对故事的整体把握。

《应有格物致知的精神》课堂教学中，为了检查、巩固议论文知识点的掌握，我设计了一个抢答比赛，请学生用原文内容回答以下问题：本文论点是什么？为何基本知识上的突破是不常有的事情？传统儒家"格物""致知"的途径是什么？以上这样做的依据是什么？这种做法对中国读书人继续支配的具体表现是什么？"格物致知"的真正意义是什么？

实践证明，抢答式竞争性语文课堂对话模式非常适合处理比较枯燥的教学内容。比如文言文字词夯实，寻找记叙文的要素，掌握议论文论点、论据和论证等。抢答可以有效帮助学生对抗疲劳，激发学生惊人的速度记忆能力，使其记住枯燥文章的重要信息，培养学生自主自觉解决问题的意识。

然而，在运用丛林法则的竞争中，教师需要注意平衡和公平。例如，应允许每个学生有平等的机会参与抢答，而不仅仅关注那些较为活跃和外向的学生。教师还可以通过设定一些规则和限制确保竞争过程的公正性，如设定时间限制或回答问题的机会次数。

另外，教师在竞争中应重视学生的学习过程和进步。即使某些学生在抢答中没有抢先答对，但如果他们表现出积极的学习态度，也应该给予鼓励和肯定，激发他们持续努力的动力。

4. 依据小狗经济的团队分组式竞争

依据小狗经济的团队分组式竞争是一种在课堂中运用小狗经济理念的竞争方式。小狗经济是指将学生分为不同的团队，通过团队合作和竞争来完成各种任务和项目，他们目标明确、分工合理、紧密合作，将团队合作和竞争结合起来。

以"中华文化的勃兴（一）"教学为例。中华文化博大精深，本课的教学目标主要有三个：①文字的演变；②天文、历法和医学方面的成就；③诗人屈原。就这三个方面的内容，教师可为学生设计不同的任务，小组内成员共同合作，展开小组间的竞争。

任务一：猜字游戏。先让学生预习课文第一部分——文字的演变，随后教师在大屏幕上给出一些类似字体的符号，让学生猜意思，比一比哪一组猜得最多。课文中出现了"马"字不同的字体，教师将其打印在卡片上，打乱顺序，比一比哪个组能够在最快的时间里排好序。

任务二：成果展示。让学生预习课文第二部分——天文、历法和医学成就，然后大屏幕出示相关的题目，包括选择题、填空题和表格填充题，答题可通过小组间成员的合作来完成，但板书人由其他小组成员决定，之后全班学生一起评价各组答案，评出最优秀小组。

任务三：开展"我最了解屈原"的活动。学生通过预习课文第三部分——诗人屈原，相互帮助，写出一篇关于屈原的小短文，各小组派代表读小组文章，最后评出最优秀的文章。

这种竞争模式可以帮助学生提升团队协作能力，培养创造性思维和解决问题的能力。小组成员需要充分发挥各自的优势，合理分工协作，并通过有效的沟通，解决小组内部的问题。

然而，在团队分组式竞争中，教师需要注意平衡竞争和合作的关系。虽然团队之间存在竞争，但也要强调合作和共享的重要性。共享知识资源，相互学习和借鉴他人的做法，将有助于整个团队的发展和成长。此外，教师应提供恰当的指导和支持，确保竞争过程的公平和公正，避免团队之间存在不正当的竞争行为。

5. 依据盖子法则的领导集中式竞争

依据盖子法则的领导集中式课堂竞争，是一种注重学生领导力和集中式竞争的教学方法。在这种竞争模式中，学生扮演领导者的角色，在教师的指导下，负责组织和管理集中式课堂竞争活动。通过领导集中式课堂竞争，学生们有机会发挥主动性和领导能力。他们参与制定竞争规则、设计比赛内容，并负责协调和监督竞争的进行。这种角色让学生能够在学习中充分展示自己的领导才能，并培养自信心、决策能力及团队合作精神。

执教《三峡》，我曾设计过这样的竞争学习活动。第一轮比拼：字词疏通。第二轮比拼：小组任选一个感兴趣的文段，寻找写作对象，一字概括对象特征，并品析具体内容，解释概括理由。第三轮比拼：背诵体现景物特点的句子。第四轮比拼：第四段美不美？如果第四段很美，是哪种美，用四字概括，并用恰当的古诗词批注这种美。每个小组指定了一个中心统筹人，他可以离开座位，组织本组同学进行分工、讨论、互助，也要帮助小组做出选择，统一思想。

执教《云南的歌会》，在全班朗读后，我请各组为本文概括3个小标题，内容分别是谁在唱歌、在哪里唱歌、以什么方式唱歌。一个小标题不超过10个字。每个组要把代表本组最高水平的答案呈现出来，这时就非常需要一个中心统筹人去收集答案、组织讨论。

执教《故乡》一课，全班分成4个小班，小班中又包含小组。各小班分别负责表演、解读闰土，表演、解读杨二嫂，总结"我"的形象和品析环境作用。学习任务的环节多、难度大、需要展示的内容多，中心统筹人在高效组织讨论、合理安排分工、鼓舞小组士气等方面起到了重要作用。

《孤独之旅》课堂教学中，为了让学生更好地理解和把握杜小康的心理变化，我设计了这样的比拼：小组合作设计人物心理变化图，以提炼概括的方式在图上标注人物心理变化过程。中心统筹人可以走下座位，对本组设计的心理变化图进行快速筛选，组织小组修改。最后，安排成员把集体智慧结晶展示在黑板上。

领导集中式竞争性场域要求学生担任小组的"领导者"，作为"中心统筹人"。学生们不仅在学科知识方面取得了提升，还得到了领导和组织能力方面的训练。这样的安排不仅增强了小组的凝聚力，还弥补了成员个体能力不足的问题，有助于培养学生的自信心、决策能力及团队合作精神。教师在竞争过程中担负着重要角色，提供指导和支持，并确保竞争的公平和学生的发展。

在创造学生高度参与的课堂中，营造竞争场域是一种有效的策略。通过合理地运用各类竞争组织方式，教师可以激发学生的学习潜能，使他们实现个人成长和发展。同时，竞争场域也有助于培养学生的自主学习能力和团队合作精神。教师应充分发挥竞争场域的作用，引导学生在积极竞争中建立起自信和自尊，提升学生的综合素养。

主题 2

构建诊断式学习场域

美国学者克拉克指出："教师看到学生学习中存在着困难，精确地找到这个困难是什么，并发现产生这个困难的原因，这就是诊断，诊断之后的教学必须纠正错误的东西或是补足缺乏的东西。没有诊断，教学就没有方向。"构建诊断式学习场域是在创造学生高度参与的课堂中的一项重要工作，旨在帮助教师了解学生的学习需求和困难，并根据这些信息提供有针对性的指导和支持，更好地发挥课堂场域的力量。

一、了解诊断式学习场域

诊断式学习场域是指在教学过程中采用诊断式评估方法和策略，以了解学生的学习需求、困难和进展，并根据这些信息来调整和优化教学活动的课堂环境。传统的教学方式通常是按部就班地传授知识，而诊断式学习课堂则强调教师和学生之间的密切互动与合作。在这样的课堂中，教师不仅扮演着知识传递者的角色，还担任着观察员、引导者和评估者的角色。学生也更加主动参与学习，积极思考和分享自己的见解。教师的目标是引导并培养学生分析、讨论和研究这些疑难案例，并提出解决问题的方法，类似于为病情开出对症的治疗方案。在构建诊断式学习场域时，需要考虑以下几个方面。

1. 深入了解学生的学习需求

教师通过不同的评估方法（如问答、讨论、小组活动等）来观察和了解学生的学习需求和困难，这有助于教师为学生量身制订教学计划，以满足学生的个体差异。

2. 提供实时反馈和指导

教师在诊断式学习场域中及时给予学生反馈和指导，帮助他们纠正错误、加

127

强理解，并鼓励他们在学习过程中不断改进。

3. 促进学生合作与互动

诊断式学习场域鼓励学生之间的合作与互动，通过小组活动、伙伴检查和同伴评估等方式，激发学生之间的合作精神和互助意识。

4. 强调自主学习和反思

学生在诊断式学习场域中被鼓励更多地参与主动学习，提出问题，进行自主思考和反思。这有助于学生建立自主学习的能力和习惯。

5. 个性化教学与差异化指导

根据学生的学习特点和需求，教师实施个性化教学策略和差异化指导，根据学生的差异性提供更加精准和有效的教学支持。

通过诊断式学习课堂，教师能够更全面和准确地了解学生的学习状态，并有针对性地调整和优化教学活动。学生也能够更加主动地参与学习，建立自主学习的意识和能力，提高学习效果和成绩。

二、构建诊断式学习场域的方法

了解诊断式学习场域是构建诊断式学习场域的重要前提。实际教学中，构建诊断式学习场域能够帮助教师更好地了解学生的学习水平、学习风格和学习偏好，并根据这些信息来设计和调整教学策略，营造出更有针对性和个性化的学生高度参与的课堂。

1. 诊断式课前分析

课前诊断是在课程开始之前对学生进行评估和了解的过程，以获取关于学生知识水平、学习兴趣和学习需求的信息。通过课前诊断，教师能够更好地了解学生的背景和学习现状，并以此为基础，帮助他们制订个性化的教学计划和教学策略，以及确定适合学生的教材和教具，促进学生的学习动力和兴趣，实现教学的最佳效果。

以小学语文《短诗三首》为例。

首先，教师可带领学生开展文体诊断活动，借助信息技术与网络平台，掌握学生对短诗的学习情况。问卷调查结果显示，学生能够富有感情地朗读短诗，且部分学生对短诗所要传达的思想有一定认知。

其次，教师要利用随机提问的方法让学生阐述短诗所描述的场景与内容，虽然大多数学生都能把握短诗所表达的内容，但对短诗的中心思想与情感脉络方面仍无法完整阐释。

最后，教师要完成对学生语文基础知识的诊断，本单元的《繁星》短诗选自冰心《繁星》诗集，因此难免会在学习过程中出现晦涩、难懂的感觉，所以教师要充分发挥引领者的作用，带领学生把握短诗中的哲学知识，学习诗中包含的爱与美，使学生在朗读时饱含真情，深入感受文体特征，准确把握诗中哲理。同时还要进一步提高字词的训练力度，使学生能够从诗的字里行间中感受到作者对母爱的颂扬、对童真的呼唤，充分学习短诗的写作手法，领略其独特的艺术魅力。

此外，教师还要尽可能地减少文本内容的拓展时间，加强语文基础知识的教学，要求学生在学习短诗写作方法的基础上，也能自主进行简易短诗的创作。最后，教师要合理分配课时，如《繁星（七一）》《繁星（一三一）》《繁星（一五九）》各1课时，写作、口语交际2课时，语文知识分享、写作2课时。

2. 诊断式教学设计

为了提高知识的传递效率，加强学生的知识记忆，教师在教学过程中需要精心设计高质量的教学方案。要确保教学设计的合理性，全面分析学生的学情是不可或缺的，可采用诊断式评价来对学生学情进行全面了解，以便于教师更加熟知学生的学习特点和需求，使后续的教学方法更具针对性。

在开展小学语文四年级下册第一单元《古诗词三首》的教学时，通常需要为每一首古诗词分配一个教学课时。

本单元的教学内容较多，主要是为了传授学生关于乡村文化的知识，其中古诗词三首中的《宿新市徐公店》《四时田园杂兴》《清平乐·村居》与农村生活有关，虽然学生以往学过许多古诗词，但大多是以抒发作者情感的内容为主，而与乡村文化有关的古诗词接触较少，对相关文化习俗了解不多，知识存储较为薄弱，因此，教师可预先设置共赏乡村文化的热身课，帮助学生预习有关田园生活的文化习俗，并扩充教学时间至4课时，使学生能更深刻地了解古诗词所表达的含义，进一步提高教学效果。

通过诊断式教学设计，教师能够更加准确地了解学生，并将这些了解应用于教学过程中，以优化学习效果。

3. 诊断式分层教学方法

传统的教学模式常常存在一个困境，即学生之间学习进度和能力差异较大。这导致教师难以满足所有学生的不同学习需求，一些学生可能感到学习难度过高，而另一些学生则可能感到学习进度过慢。诊断式分层教学通过对学生进行全面的诊断评估，将学生划分为不同的层级或群组，以便教师能够更好地针对每个层级的学生提供个性化的教学支持。

在进行五年级上册第七单元《四季之美》教学时，教师需要在完成诊断评价后制定一系列教学目标。

对于语文基础相对薄弱的学生，可将其学习目标定为理解词语含义，找出"四季之美"的主要特征，进一步引导学生发现用于描述"四季之美"的词句，并完成相应造句。例如，秋天最美是黄昏，当夕阳照射西山时，归鸦会急匆匆地飞回巢里，成群结队的大雁也在空中比翼齐飞，让人感动；当夕阳西沉、夜幕来临之时，那一声声虫鸣也使人心旷神怡，由此便可充分体会"四季之美"。

对于熟练掌握基础知识的学生，教师可带领其加深对形容词内涵的理解，体会作者的写作情感，并以层层递进的形式提出启发问题，发散学生的思维，实现逻辑的延伸。比如，夏天的黄昏美在哪里？鱼肚色的天空是什么颜色的？作者的创作情感又如何？

对语文水平十分优秀的学生，其本身基础知识扎实、理解能力出众，教师可直接进行以读促写的教学，要求学生模仿《四季之美》这篇文章创作自己眼中的四季，帮助学生做好语言构建，加强思维的发散，做好作品的审美鉴赏，使其能够运用自身语言表述所观、所想，实现审美创造。

通过诊断式分层教学，教师能够更好地匹配教学内容和教学方法，确保学生获得适合其能力水平的教学内容，并提供充分的支持和指导。

4. 教学中有效暴露并展示学生的错误

有效暴露并展示错误是一种积极的教学策略，能够帮助学生识别和改正错误，并提高其学习效果。教师在教学过程中敏锐观察学生的学习表现、作业和思维过程，审时度势，选择合适的时机和方式来展示学生的错误，并帮助他们理解错误的原因、影响和改进方法。通过这样的教学方法，学生可以增强对错误的敏感性和提升自我评价能力。

第一步是让学生自己动手绘制冷锋和暖锋示意图，并提醒学生将书本合起来，根据自己的理解来绘图。通过绘制锋面图可以展示学生原有的想法，暴露错误概念。

在学生埋头认真绘图时，我行进在他们中间，细心观察他们绘图的每一个步骤和每一个细节，他们对冷、暖锋知识的掌握情况通过图形展现在我的眼前。大约有三分之一的学生能正确将冷锋和暖锋的形成过程一步步成图，将地理知识用图形化的方式表达出来，这也就是我们常说的"图文转换"，学生的空间想象能力得到很大提升；还有三分之一的学生绘出了冷锋和暖锋示意图，但从他们绘图的步骤可以看出他们对冷、暖锋天气系统理解有误；另外三分之一的学生翻开书本，依葫芦画瓢，但可以看出，他们对冷、暖锋天气系统并不能正确理解。

第二步是把学生在绘图中的错误展示出来，和他们一起诊断出错误、对错误的认识进行修正，这样更有利于使每个学生真正掌握冷锋和暖锋天气系统。于是，我先鼓励学生要敢于暴露自己的错误，不怕把自己当作诊断对象，我们相互诊断是为了更好地掌握知识、掌握分析问题的方法。短暂沟通以后，大家达成了共识。同学们活跃起来，许多学生自愿把作品放到实物投影仪上进行分析。

有效暴露错误能让学生逐渐养成对于错误的积极态度，将错误视为学习过程中的正常现象，从而更加主动地面对挑战和困难。

5. 教学中逐个诊断学生的错误

教师通过观察学生的思维过程、听取他们的回答，以及解答问题的方式来发现潜在的错误，在全面了解学生的思路和存在的问题后，为学生提供实时反馈，快速纠正学生的错误，并给予适当的解释和指导，帮助学生更好地理解正确的概念或方法。这种实时的反馈能够帮助学生及时调整学习策略，并促使他们主动思考和矫正错误，进一步巩固和提高自己的学习成果。

第三步是大家一起诊断错误，进一步建构锋面系统的知识体系。

典型的几种错误如图 5-1 所示。

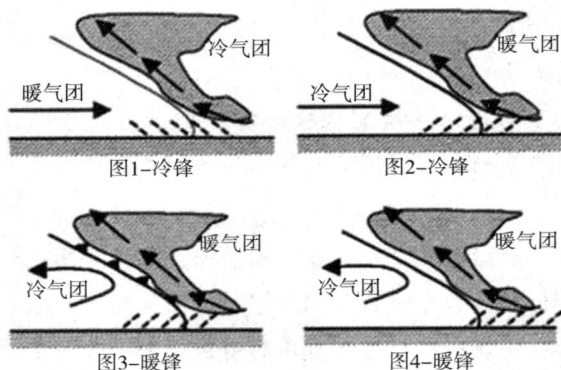

图 5-1 某学科学生容易出现的几种典型错误

学生对图 1 的诊断：图 1 中冷气团绘制在暖气团之上属于概念性错误，该学生对冷气团和暖气团的物理性质不了解。相应的知识点：暖气团密度小、气压低、温度高；冷气团密度大、气压高、温度低。知识点梳理：在单一冷气团或单一暖气团控制之下的天气是晴朗的，在冷、暖气团的交界面即锋面气压、气温变化大时，天气变化复杂。

学生对图 2 的诊断：图 2 中雨滴的倾斜方向画错，说明该学生对冷锋的运动方向不清楚。相应的知识点：冷气团势力强，推动着整个锋面向暖气团一侧移动，所以形成的雨滴应该向冷气团前进的一侧倾斜。教师点拨：锋面是根据锋面两侧的冷、暖气团的实力强弱、运动状况来分类的。

学生对图 3 的诊断：图 3 中有两处错误，一是锋面符号画的位置不对，二是暖锋的符号画错。相应的知识点：锋面的符号应该画在地面锋线附近（锋线是锋面与地面相交的线），而不是画在锋的倾斜面上。暖锋符号应该用半圆表示，画在暖气团前进的方向上。教师点拨：正确认识冷、暖锋和准静止锋的符号有助于帮助学生判读天气形势图，并利用所学的地理知识对天气的变化进行准确的判读和预报。

学生对图4的诊断：图4中的错误在于暖锋形成降水雨区的位置画错。该学生对暖锋形成降水的地理原理不清楚。相应的知识点：冷、暖气团相遇，暖气团势力强，主动沿着冷气团爬升，温度降低、水汽凝结而形成降水，雨区的位置应该在锋前。另一名学生提醒大家注意冷锋和暖锋过境时均可能形成降水，但雨区的位置不一样，冷锋降水主要在锋后，暖锋降水主要在锋前。

通过对以上4幅锋面图错误的诊断，学生关于锋面系统的知识体系脉络更加清晰，大家还进行了冷、暖锋的对比，并通过对比更好地掌握了分析锋面系统的方法。

教师在课堂中及时发现和纠正错误，能够防止错误的积累和进一步恶化，使学生在学习过程中更具自信心和动力。同时，教师的诊断还可以帮助学生弥补概念上的错误认识，避免后续学习的困惑和误解。而学生也能通过及时的反馈和指导更好地调整学习策略，提高学习成效，有助于构建积极的学习环境，培养学生的自信心和问题解决能力。

6. 诊断习题"病例"，对症下药

诊断习题"病例"类似于医生通过病例来诊断疾病并对症下药一样，教师通过诊断习题"病例"来了解学生的学习缺陷和问题，并对学生的学习问题有针对性地进行反馈和指导，帮助学生克服学习困难，提高学习效果，培养自主学习能力和问题解决能力。

热力学第二定律中有道习题：凡熵增加过程都是自发过程，判断习题对错，说明原因。

最初遇到此类问题，学生觉得很容易。多数学生的答案是"对"，理由是满足熵增加原理，凡是熵增加就是自发，凡是熵不变就是可逆。还有少数同学的解答是"错"其理由是缺少条件，只有在绝热系统中这句话才成立。

上述两个答案都是片面的，对熵增加原理没有很好地理解。分析产生错误的

原因主要有两点：一是对自发过程、非自发过程、绝热系统及隔离系统与熵之间联系的概念不清楚；二是解题思路不明确，没有动脑就轻易做出答案。找出原因后，再对症下药解决问题。

对第一种原因可以做如下讲解。

（1）自发过程是指能够自动发生的变化，无须外力帮助，任其自然，即可发生的变化。自发变化是热力学的不可逆过程，但要注意的是，不可逆过程不一定是自发变化（这点往往是教师没有强调致使学生概念不清晰）。

（2）人们在生活和生产实践中遇到许许多多只能自动向单方向进行的过程，他们的共同特性就是不可逆的。总之，一切实践过程都是热力学的不可逆过程。

（3）隔离系统是指系统完全不受环境的影响，和环境之间没有物质或能量的交换。而绝热系统只是强调系统和环境之间没有热量的交换。可以说隔离系统是特殊的绝热系统。

（4）在卡诺定理中引出了熵和 Clausius 不等式。当把 Clausius 不等式应用在特殊的系统中，如绝热系统中，进而得到了熵增加原理。在绝热系统中，Clausius 不等式变为 $dS \geq 0$，不等号表示不可逆，等号表示可逆。应该指出，不可逆过程可以是自发的，也可以是非自发的。在绝热系统中，系统与环境无热的交换，但可以功的形式交换能量。若在绝热系统中发生一个依靠外力进行的非自发过程，则系统的熵值也是增加的。这为后续讲授内容，如熵变的计算、三个判据的应用条件等做了较好的铺垫，起到了温故而知新的作用。

对于第二种原因，解题的思路是一个关键的问题。刚看到这道题，不要不经过思考就轻率地给出答案。这道题中有两个关键词，即熵增加和自发。结合热力学第二定律表达式，区分自发与不可逆这两个概念。在明确两个概念的基础上，思考熵增加原理的适用条件：（物理化学中所有的公式都是有条件的）绝热系统与隔离系统。在这两个系统中虽然 Clausius 不等式都表示为 $dS \geq 0$，但是这里的大于号在两个系统中所表示的意义是不同的。在绝热系统中，大于号只能是不可逆的，不一定是自发的，而只有在隔离系统中大于号代表的才是自发的。对于一个隔离系统，外界对系统不能进行任何干扰，整个系统只能是处于"不去管它，任其自然"的情况。在这种情况下，如果系统发生不可逆的变化，则必定是自发的，即只有在隔离系统中，凡熵增加过程都是自发过程。

诊断习题"病例"通常是一系列精心设计的习题,旨在检测学生对于特定概念、技能或知识领域的理解和应用能力。通过学生对这些习题的回答和表现,教师可以准确地识别学生的学习弱点、难点及常见错误,并对症下药,提供有针对性的学习帮助。

构建诊断式学习场域是创造学生高度参与的课堂的关键一环。它能够帮助教师了解学生的学习需求和困难,并提供有针对性的支持和指导。通过构建诊断式学习场域,教师能够更好地发挥课堂场域的力量,激发学生的学习动力,促进他们的学习成长。

主题 3

构建问题场域

在教育领域,问题场域被认为是一种能激发学生独立思考、批判性思维和创新能力的有效方法。通过构建问题场域,教师可以激发学生的好奇心、探索欲望和自主学习的动力,为学生提供一个充满挑战性、启发性和合作性的学习环境,鼓励学生提出问题、思考解决方案,并促进他们的思辨和创新能力的发展,发掘学生的学习潜能,培养他们成为主动、独立、富有创造力的学习者。

一、认识问题场域

问题场域是一种教学方法和学习环境,"以问启思",旨在通过引发学生的好奇心、思考和探索欲,促进他们的批判性思维、解决问题和创新能力的发展。在问题场域中,教师通过提出引人入胜的问题、提供学习资源和支持,以及激发学生的自主学习和合作学习,营造积极参与的氛围。要构建问题领域,需要注意以下几个方面。

1. 引人入胜的问题

问题应具有挑战性和启发性,能够引发学生的兴趣和好奇心。问题应该具有多样性，能够激发多种思考方式和解决途径，鼓励学生提出开放性问题。

2. 学习资源和支持

教师需要提供丰富的学习资源和支持，以帮助学生深入探究和解决问题。这包括图书、互联网资源、实践案例、专家访谈等，以满足学生获取所需知识和信息的需求。

3. 学生参与和合作

问题场域强调学生的主动参与和积极合作。教师可以组织小组合作、伙伴学习或全班讨论等方式，鼓励学生分享自己的思考和解决方案，互相交流和合作。

4. 自主学习和独立思考

问题场域鼓励学生进行自主学习和独立思考。学生应该有机会独立收集信息、分析数据、提出自己的解决方案，并通过反思和调整不断完善自己的思考。

5. 激励和鼓励

在问题场域中，教师应给予学生充分的激励和鼓励。教师可以通过赞扬、肯定和建设性的反馈来促进学生的积极参与和成长，并鼓励学生接受挑战、尝试新思路和解决问题的新方法。

6. 反思和评估

反思和评估问题场域要求学生在解决问题的过程中进行反思和评估。教师可以引导学生反思他们的思考过程、解决方案和学习效果，并帮助他们发现可以改进的内容和下一步的行动。

二、构建问题场域的实践策略

认识问题场域与构建问题场域的实践策略相互依存，了解问题场域的概念、原则和注意方向是为了能够更好地构建问题场域。通过构建问题场域，教师可以激发学生的好奇心、培养批判性思维和创新能力。通过理解和应用这些实践策略，教师将能够更好地引导学生参与、思考和解决问题，提升他们的学习成效和能力发展。

专题五 发挥场域的力量

1. 课前预习，准备问题

学生课前预习、准备问题旨在引导学生在课堂前对即将学习的内容进行准备和思考。通过提前了解相关材料并准备问题，学生可以更深入地理解课程内容，并在课堂上积极参与讨论和思考。

课标要求学生应知道"安史之乱"导致唐朝由盛转衰；知道唐朝灭亡后五代十国的局面。

在开始新授课之前，发给学生准备的学案，学生根据学案要求完成基础知识的预习和整理，并将自己提出的问题写在学案上。（设计意图：提出值得探究的问题的前提是对该历史事件的发生概况已有了初步的理解，史实掌握后才能做到论从史出。有了基础史实的梳理，学生对于安史之乱的经过了解以后，才能更加具体地理解其对唐朝的打击，为后续问题的提出奠定基础。而且，初中阶段的考试基本还是以史实记忆类知识的考查为主，所以，既要注重学生历史分析能力的培养，也要让学生意识到历史史实记忆的重要性）

学生在预习完本课以后，全班 52 位同学都提交了自己提出的问题。例如，安史之乱爆发的原因是什么？安史之乱发生后是如何解决的？杨贵妃是怎样的一个人物，她最后的命运真的是惨死马嵬坡吗？如何评价唐玄宗？藩镇割据是怎么出现的，对唐朝会有何影响？朱温为何投降唐朝后又起兵反唐？五代十国是怎样的一段历史时期，是否与南北朝时期类似？这些问题的提出，表明学生对课文内容已经进行过思考。这些问题多数属于原因类问题，还涉及一些历史现象类和人物评价类的问题。

2. 创设情境，激发问题

通过创设真实或虚拟的情境，学生可以在面对问题、进行挑战时，用思考和探索来解决问题，激发好奇心和求知欲，使思维得到启发。

（1）联系生活，创设问题情境

教师通过创设与学生生活息息相关的情境和问题，将学习与学生日常经验联系起来，促使他们主动思考、探索并解决问题，提升其思考和解决问题的能力。

在学习八年级上册《鱼》一文时，可以从生活经验入手展开教学。

创造学生高度参与的课堂

鱼在日常生活中并不陌生，但是学生们并不会去了解鱼的各部分结构及鱼的主要特征，因此可以将一条生活中常见的鲫鱼或者金鱼作为样本带入教室中，并且播放一段鱼在水中的视频，同时向学生提出问题："你看到的鱼的身体是什么类型的？如果你在水里游泳的时候，你是怎样保持身体平衡的？你觉得鱼为什么在水里游得那么快，与它的什么样的身体结构有关呢？"学生就会产生"想要弄清鱼的身体的各部分结构，以及鱼在水中能够生活与它身体结构之间的关系"，这种亟须探索的求知欲给学生提供一个问题情境，可以促使学生能够更加仔细地观察。利用生活中常见的和生物学有关的问题，能让学生与生活实际相联系，让学生用自己的生活经验来解决实际的问题，从而使学生掌握知识，增强对生物学习的兴趣。

（2）利用多媒体技术，创设问题情境

在当今信息时代，多媒体技术提供了丰富的资源，能够为教学提供更具吸引力和互动性的学习环境。通过利用多媒体技术，教师可以创造出引人入胜的情境，激发学生的好奇心和求知欲，并引导他们主动思考和提出问题。

在讲解七年级上册"单细胞生物"时，由于单细胞生物的身体比较微小，学生在日常生活中也并不常见，对学生来说比较陌生。教师利用教室投屏将手机上下载的内容和在显微镜下观察到的单细胞生物投放到大屏幕中，让学生能够近距离地观察，同时向学生提出问题："你看到的单细胞的结构是什么样的？又是如何完成生命活动的？"此时，学生对单细胞生物的结构感到疑惑，从而产生了"想要了解单细胞结构"的亟须解决的心理状态，这时教师所要创设的问题情境就产生了。之后通过多媒体展示单细胞生物的各部分结构，让学生在课堂上写出草履虫各部分的结构，同时将学生的作品拍照上传，随时掌握学生的学习动态，协助学生快速解决问题，多媒体教学技术为问题教学的设计及情境创设提供了更多的可能，也能够促进问题教学的应用和推广。

（3）角色扮演，创设问题情境

这是一种引人入胜且有效的教学策略，在角色扮演中，学生可以身临其境地体验不同的角色和情境，通过与其他角色的互动，进行挑战并寻找解决问题的途径，从而激发他们思考和解决问题的能力。

在讲授"自然灾害对人类的危害"章节时，教师通过播放自然灾害的纪录片，让学生了解自然灾害有台风、地震、海啸等。在纪录片中学生能够了解不同的灾害类型及其产生的巨大危害，对自然灾害形成一定认知。在此基础上，教师可以向学生提出问题：这些灾害的形成原因是什么？对人类活动带来哪些影响？我们如何做好防灾减灾措施？此时可以为学生进行角色扮演预设相关情境：假如你是当地防灾减灾应急管理局局长，当面对不同类型的自然灾害时，你会如何做好防灾减灾措施减少自然灾害的影响？说一说你做这些措施的目的和理由。

当教师提出开展角色扮演活动时，学生即可依据情境开始探究讨论。小组内进行合作分工扮演相应角色，如局长、副局长、信息收集员、信息汇总员、发言专员等。信息员主要负责收集整合自然灾害类型及成因，局长和副局长共同讨论防灾减灾措施及其为人类社会带来的益处，信息汇总员负责进行信息汇总，发言员整理完毕和全局报告后进行发言汇报。在整体汇报完毕后，其他小组防灾减灾应急管理局成员可以向该组提出疑问并要求发言专员给出答复。汇报结束后，教师根据各个小组的表现做好评价，给予技术性点评，总结提升当堂教学内容。这样的角色扮演方式在一定程度上继续巩固了学生所学知识，给予学生更多思想碰撞交流的机会。学生在角色扮演中感受各个小组的不同意见，实现自我领悟、团结合作，从而解决问题、得出结论。

3. 小组合作，解决问题

这是一种强调学生之间合作与协作的技巧。学生通过组成小组，共同思考、讨论和解决问题，期间可以分享知识、交流观点、互相借鉴，在合作中培养团队合作能力和解决问题的技巧。

为了寻找海洋垃圾扩散的原因，开展实验探究——模拟海水流动，寻找洋流的成因。通过小组合作的形式开展实验一，模拟风海流和补偿流的形成。

【实验一】模拟风海流和补偿流的形成

一、实验步骤

A. 实验准备：每个小组圆底水槽1个、吸管1支、若干面包碎屑。

B．实验过程：圆底水槽装满水，把若干面包碎屑整齐纵向排序在水面上，每个小组派一名学生用吸管（确保吸管弯曲一侧对准水面）吹拂有面包碎屑的水面，小组内其他学生观察面包碎屑的运动（面包碎屑的运动路径代表水流方向）。在实验开展过程中，每个小组记录员要仔细观察面包碎屑的运动方向并做好记录，最后小组分享自己的答案。

C．教师提问：面包碎屑受到风的吹拂会发生何种运动？面包碎屑碰到水槽壁后将如何运动？如果用水槽水模拟海水、水槽壁模拟陆地，这一现象说明了什么？

二、实验目标

A．学生通过观察得出：盛行风是海水运动的主要动力，模拟风海流。

B．学生通过观察得出：面包碎屑碰到水槽壁后折返回吸管吹拂处，模拟补偿流。

C．结合实验现象和思考，学生得出洋流还会受到陆地形状和地转偏向力的影响。在小组探究分析后，教师引导学生明确海洋垃圾的扩散是随着海水流动而出现的，引出洋流的概念，注意找出洋流的关键词"常年""一定方向""大规模"。

过渡提问：洋流按照成因分类有补偿流和风海流，同学们知道按照成因分类还有哪一种洋流吗？接下来继续引导学生开展实验二，模拟密度流的形成。

【实验二】模拟密度流的形成

一、实验步骤

A．实验准备：透明小玻璃缸一个、隔板、油、水。

B．实验过程：用隔板把玻璃缸分隔成面积相等的两部分，一边注入油，另一边注入水，一位同学把隔板去掉，其他同学观察油和水的运动变化。

二、实验目的

通过观察，学生得出密度的差异也会引起海水的流动结论。密度大的海区海水自底部流入密度小的海区，顶部流向相反。

通过以上的实验探究，教师帮助学生搭建洋流学习的阶梯架。设置项目探究的目的是让学生根据驱动式问题情境梳理，解决大问题所需要的基础知识和技能。

4．问题主导，贯穿教学

这是一种以问题为核心、贯穿整个教学过程的教学方法。问题主导的教学方法打破了单一的角色分配，将学生置于主动探索和解决问题的位置，在这种教学模式中，问题成为教学的起点和驱动力，学生通过自主探究、批判性思考，积极参与学习过程。

师：经过预习，大家就本课内容提出了一些相关的问题。这节课老师和同学们结合课文一起讨论完成这几个问题的解答。如果在学案上提出了相应问题的同学，在大家讨论过后，你需要把答案整理后记录下来。首先，解决第一个问题，安史之乱爆发的原因有哪些？

学生A：开元末年，唐玄宗追求享乐，任人唯亲，宠幸杨贵妃，于是任用其堂兄杨国忠担任宰相，导致整个朝政日趋腐败。

师：朝政腐败的最直接后果是什么？

学生A：整个官场黑暗不堪，民不聊生，社会矛盾尖锐。

师：官员之间徇私舞弊、钩心斗角的现象频发。说明这是安史之乱爆发的内部原因还是外部原因？

学生A：内部原因。

师：唐朝是一个尚武的国家，通过之前的学习我们知道唐朝周围有很多少数民族政权。除了和平交往之外，也经常与少数民族或外国政权发生战争。因此，边疆需要驻守大量军队。这样的局面对唐朝政局有何影响？

学生B：唐朝时期的边疆局势越来越严峻。各地的节度使逐步把军权、行政权、财政权集于一身，势力扩张并威胁到中央。这也是安史之乱爆发的外部原因。

学生C：再加上当时755年安禄山与杨国忠矛盾激化，他便仗着唐玄宗和杨贵妃的宠爱（曾拜杨贵妃为养母），借口朝廷出现奸臣，与部下发动叛乱。

师：综合同学们的回答，安史之乱爆发的原因我们可以归纳为以下几点。①内因：唐玄宗统治后期朝政腐败，导致矛盾激化；②外因：唐朝边疆形势紧张，节度使实力大增威胁中央；③导火线：手握重兵的安禄山因与杨国忠发生矛盾，联合史思明，借口朝廷出现奸臣发动了叛乱。

师：安、史二人大举南下，攻陷洛阳、潼关（结合地图）直逼长安。在这样的情况下，唐玄宗携后宫仓皇逃往四川，留下太子李亨抵御叛军。（这部分知识比较零散，课本讲述简略，故通过一段视频让学生直观地了解陈玄礼等将军平叛安史之乱的过程）同学们结合视频和课本，谈谈你对安史之乱造成的影响有何看法。

学生 D：这场内乱持续八年，给老百姓带来了巨大的生命财产损失。

学生 E：内乱主要集中在长安一带，随着皇帝的出逃也带来了一次人口的迁移，北方长期战乱，大量人口南迁。

学生 F：唐朝本来是一个繁荣的王朝，开始从开元盛世的光辉中走向衰落。

师：大家的问题回答得都很具体，同学们再仔细思考一下，这个视频里明确提到了在安史之乱期间，唐朝把当时曾经镇守西北的一支十万精兵全部悉数调来进行了平定叛乱，增设了许多禁军节度使。这些节度使管理的地方，表面上是唐朝的藩镇，归顺中央，实际上节度使手握大权，中央的权力日益衰微。这种情况会出现什么样的局面？

生齐答：藩镇割据。（在讨论安史之乱的影响的过程中，顺带解决了学生提出的问题——藩镇割据是如何形成的）

通过构建问题场域，我们能够为学生打开一扇通向深度思考、创造性解决问题的大门，提供一个高度参与的课堂环境。课堂不再仅仅是传授知识的场所，而是成为一个真实而有趣的问题场域，激发学生的好奇心和求知欲，培养他们批判性思维和解决问题的能力。在这个场域中，教师充当引导者和支持者的角色，尊重学生的思考和观点，鼓励他们进行深入探究和讨论。通过问题场域的构建，学生可以在学习中体验自主性、合作性和实践性，获得更丰富的学习成果。

专题六
唤醒学生的情绪

唤醒学生的情绪是一种关乎学生情感参与的重要教学策略。有效地唤醒学生的情绪，通过关注学生的情感需求，运用情感激励和创造情感联结，打造一个充满情感共鸣和深度学习的课堂环境，可以激发学生的内在动机和学习热情，提高他们的学习效果和参与度，创造学生高度参与的学习课堂。

主题 1

用情绪感染情绪

情绪在学习中发挥着重要的作用，当学生的情绪被唤起并与学习内容产生共鸣时，他们更容易集中注意力、保持积极态度，并更愿意主动参与探究和表达。

德国教育家第斯多惠说："教学的艺术不在于传授本领，而在于激励和唤起，没有兴奋的情绪怎么激励人，没有主动性怎么能唤醒沉睡的人。"这就是情绪感染的力量，我们每个人都能够自然而然地对不同情绪产生共鸣和反应，当我们置身于一个充满欢乐氛围的场合时，我们很容易被周围人的快乐情绪感染，我们自己也会变得愉悦起来。课堂上，教师的一颦一笑、一举一动，直接影响着学生的情绪，牵动着学生的思维。

一、情绪感染情绪的前提

以情绪感染情绪是指在课堂上，教师的工作兴趣和教学动机与学生的教学互动相互影响，教师通过自己积极的情绪表达和情感传递，激发学生的情感参与和情绪体验，营造积极、活跃的学习氛围。这种方法旨在让学生与教师产生情感联结，建立起共鸣，从而提高学生的参与度和学习效果。要达到情绪感染情绪，需要注意以下几个前提。

1. 做好自我情绪管理

教师在课堂上展示积极、乐观的情绪态度非常重要。为此，教师要用良好的情绪感染学生，在面对挑战和压力时，保持冷静、平和的情绪，为学生树立榜样，让他们感受到安全和稳定的学习环境。同时，教师还要具备情绪管理的能力，积极应对负面情绪，避免个人情绪对学生产生负面影响。

2. 表达情感关注

教师应通过亲切的目光、鼓励的微笑和友好的肢体语言，表达对学生的情感关注。这种展示出的关心和关注，可以增强学生对课堂的投入和情感参与。教师也可以通过问候学生、关注他们的感受和疑虑，建立起良好的情感联结。

3. 营造情感共鸣

故事、音乐和诗歌等艺术形式具有强大的情感表达力。教师可以运用这些资源，创造出让学生产生情感共鸣的场景。通过讲述具有情感体验的故事、演奏激发情绪的音乐，或者引用富含情感的诗歌，帮助学生和教师建立起情感联结，进一步激发学生的情感投入和参与度。

4. 鼓励积极表达

在课堂上，教师应当鼓励学生积极表达自己的情感和想法。通过鼓励学生分享自己的观点、生活经历或情感体验，可以培养学生的情感表达能力，并促进他们更深入地参与课堂活动。

5. 关注学生情绪变化

教师需要时刻关注学生的情绪变化，并根据需要进行及时的反馈和支持。例如，当学生表现出挫折或困惑时，教师可以提供情感上的支持和鼓励，激发他们的情绪参与和积极性。

二、如何用情绪感染情绪

作为教育者，教师需要认识情绪对学习和教学过程的重要性，更好地调整自己的情绪状态，以积极、正面的情绪影响学生，当学生感受积极的情绪氛围时，他们更有可能变得积极主动。通过创造积极情感氛围和利用情绪化的教学策略，教育者能够激发学生的兴趣和参与度，帮助他们构建积极的情绪体验和情绪表达能力。不仅如此，教育者的情绪还能够影响学生对学习的态度和动机，为他们提供积极的榜样和支持。因此，通过认识情绪感染情绪的重要性并学会运用它们，教育者能够帮助学生在积极的学习环境中获得更好的学习体验和成果。

1. 以正向情绪感染学生

以正向情绪感染学生是教师在课堂中通过展现积极、正面的情绪，传递给学生一种乐观、快乐的氛围和态度，激发学生的积极情绪，鼓励他们更主动地融入

创造学生高度参与的课堂

学习中，并提高学习的效果和质量，为课堂教学注入一份活力和乐趣，促进学生的情感参与和学习动力。

微机课上，教师进行画图教学。

教师：好，同学们（面带微笑），今天呢，我们的课程是学习画图程序：如何选中图片进行移动。大家看一看自己电脑中的图片，想一想如何帮助图片中的小兔子回到左边的草地呢？（语气轻松）谁来回答一下呀？（面带微笑，目光扫视全班）学生1你来回答一下，现在我们需要帮小兔子回家，我应该怎么做呢，你能告诉我吗？

学生1：（快速起立）选择工具，然后选中小兔子，就可以移动了。（声音洪亮自信）

教师：非常正确！（鼓掌）你回答的思路很清晰，请坐。（面带笑容）好，我们大家一起复述一遍操作过程。（微笑着）

全体学生：选择工具，然后选中小兔子，就可以移动了。（声音整齐洪亮）

教师：非常棒！（语速缓慢欢快）

教师在讲解画图的具体操作。有谁想来前面试着操作一下吗？（教师举起自己的右手，目光期待）

学生2：老师……老师……（高高举着右手）

教师：好的。学生2过来试一试吧。（微笑着）

学生2快速跑到前边进行操作，但是操作没有成功。（有学生开始哄笑）

教师：你好好想想，怎么操作呢？（语气安慰）我们刚刚是不是一起重复了一遍步骤呢？

学生3：老师——我，我，我。我来吧。（高高举手，在座位上快要站起来了）

教师：那学生2先回去，你看看学生3是怎么操作的吧。（语气平缓安慰）学生3操作得很成功。

全体学生：对了！

教师：操作得很对，（笑着）那大家说，刚刚学生2为什么没有成功呢？（目光扫射全班）

部分学生：因为他没有先选中目标——（拖长音回答）

教师：对，因为没有选中目标。（微笑着点头）应该先用鼠标选择工具，然后呢……（拖长音）把小兔子选中，再移动，是不是就可以了呀……好，大家现在自己动手操作一下吧。

案例中，教师全程面带微笑，语句温柔平缓，鼓励学生，用正向情绪积极调动学生的情绪和兴趣，在面对学生失误时，仍然微笑引导，整个课堂氛围轻松愉悦。

2. 用言语表达感染学生

教师的言辞和用词选择对于学生的情绪和学习效果具有重要影响力，教师在课堂上运用积极、正面的语言表达和鼓励，激发学生的自信心和学习动力。通过以阳光语言激励学生，教师能够帮助他们建立积极自信的心态，还能够营造一种支持和积极的学习环境。

"看到这个课题你想到什么？""你想提出哪些数学问题？""你想探究什么问题？"

"预习后，你了解了什么？有什么疑问？""汇报一下你们收集来的数据、信息和资料。"

"从这道题（统计图、表）中，你可以看出什么？""你获取了哪些信息？"

"出门旅游、买东西等要考虑哪些问题？"

"根据所给的信息，谁愿意帮他想一个好办法。""请同学们帮他设计一个可行性方案（如旅行、乘车、铺地砖、设计图形等）。"

"根据数的整除关系、约数倍数的知识说一句话。"

"你与众不同的见解真是让人耳目一新！"

"你的设计（方案、方法、观点、点子）太富有想象力，太具有创造性了！"

"说得真好，太好了，了不起！"

"我非常赞成（欣赏）你的想法，说说你是怎样想的，好吗？"

"这么难的题，居然还做对了一题，太好了！"

"你们的发现非常重要！……"

"观察真仔细，同学们真能干，能从不同的角度观察和思考！"

"不错，学习就得认真。"

"你真棒！能有这么大的进步，老师感到非常高兴。"

"大有进步，再加油。""希望你再接再厉！""不骄不躁，继续努力！"

"功到自然成！""你瞧，你比以前进步多了，望继续努力，争取更优异的成绩。"

"你试一试，相信你一定能成功！""老师和同学们相信你一定能进步！""老师相信你能自己想出来！""相信你能做得更好！"

"没有用心尝试，不要轻易说'不'！"

"只要你有一颗上进的心，胜利总会属于你。"

"只要你坚定信心，就一定能成功，你敢试试吗？"

"只要全心全意投入，什么事都难不倒你！"

"你是一个很棒的孩子，知道怎样去做才好！"

3. 用肢体表达激励学生

肢体语言是指通过身体动作、姿势和面部表情来传达信息和情感。在教学中，教师的肢体语言可以起到激励学生的重要作用。当教师运用积极、自信的肢体语言时，其可以传递给学生一种鼓励、支持和融洽的信息。

教师鼓励的目光、点点头等形式表示赞扬和高兴的情绪。教师展现的笑容和点头等肢体语言体姿，会使学生感受教师的正向情绪，使教师上课更加生动、具有互动性，教师的情绪更加饱满和充满感情色彩。几乎所有教师都会对学生积极的课堂表现通过"点头"和"鼓掌"等体姿进行表达。教师对学生的目光注视使学生感受到被重视，教师的微笑也鼓励学生积极回答问题，让学生感受到教师对自己的重视。在公开课上，语文教师通过挥舞手臂带动学生积极回答问题，配合教师顺利完成教学。在目前的语言环境下，"点头"和"鼓掌"体姿是教师普遍采用的在课堂进行赞赏等积极情绪表达的方式。

4. 避免消极情绪影响学生

在教学过程中，当教师情绪低落或沮丧时，他们可能表现出冷漠、不友善或缺乏关注的行为，这种消极情绪会传递给学生，学生可能感受到这种负面情绪，从而导致他们的情绪也变得消极，可能造成教师与学生之间的互动和沟通减少。教师应该努力排除自身的消极情绪，以免降低学生的学习动力和对知识的热情，减少与教师的信任和合作。

　　教师：那坐在这样的小艇中感受如何呢？谁能来说一说呀？（没有一个同学举手）

　　教师：不知道吗？课文里面有呀，（教师有点焦急）谁能来说一说呀？大家仔细看看课文，有谁来回答一下呀？

　　学生1：嗯……嗯……坐在小艇里应该很舒服，有说不完的情趣。

　　教师：对啦！说得很对，我们看一下第三自然段，小艇的皮垫子软软的，像沙发一样，对吧，想象一下，坐上去肯定很舒服是不是呀，（微笑）坐在小艇里很舒服还有一个原因，就是船夫的驾驶技术特别好，我找个同学读一下第四段。

　　学生2读完第四段。

　　教师：在第四段里，哪个词最能说明船夫驾驶技术高呢？谁能找到？（全体学生沉默）

　　教师：（叹气）大家这是怎么了？打起精神来，认真想一想啊。不要紧张，就跟我们平时上课一样，好好想一想，是哪个词呢？

　　学生2：老师，是……是……操纵自如。

　　教师：对，回答得非常好。请坐。

　　案例中，学生们整体表现良好，但也有一些同学因紧张而不敢举手回答问题。当教师提出问题时，教室里陷入了一片安静，这让教师有了焦急和尴尬的情绪。之后教师努力鼓励学生回答问题，但仍然没有学生主动参与。尽管教师感到失望，但他很快调整了自己的情绪，并继续推动课堂进行，以保持对学生的支持和鼓励。

　　用情绪感染情绪的方法对于创造学生高度参与的课堂至关重要。教师需要具备情绪管理和表达的能力，展现积极、热情的态度，并以积极的情绪包容学生的情绪。通过建立情感联结，教师可以进一步激发学生的情感参与，激发学生的情感投入，让每个学生都能够在情绪的熏陶下取得更好的学习成果。

主题 2

保持活跃的节奏

在创造学生高度参与的课堂中，保持活跃的节奏是关键的一环。为此，教师面临的挑战之一就是如何在教学中激发学生的兴趣和积极性，让他们主动地参与到学习活动中。而保持活跃的节奏不仅仅是让课堂变得有趣、生动，更是为了创造一个积极的学习氛围，让学生在参与中真正实现自我发展和成长。

一、活跃的课堂节奏的特点

活跃的课堂节奏指的是教师在授课过程过程中控制和引导学习的速度和步调，以达到学生积极参与、有效学习的状态。这种活跃的节奏包括教师与学生之间的互动、学生之间的合作和思维的持续运转等方面。一个活跃的课堂节奏能够帮助学生保持专注、兴奋及参与度，同时保证课程内容的顺利传达。一个活跃的课堂节奏通常具有以下特点。

1. 适度的快慢

教师要在授课中掌握控制节奏的要领，根据学生的理解和接受能力，适度加快或减慢授课的速度。过快的节奏可能导致学生跟不上，过慢的节奏则容易引起学生对教师的授课失去兴趣。

2. 轻松的变化

通过合理的教学设计和转换，教师能够在不同的学习任务之间进行流畅的切换，避免学生在单调乏味的环节中产生疲劳和无聊感。这种变化可以是从理论讲解到案例分析，或者从小组讨论到个人作业等。

3. 有效的交互

课堂活跃的节奏可以促进师生和同学之间的积极互动。教师可以通过提问、讨论、小组活动等方式鼓励学生参与到课堂中，并及时给予反馈和指导，保持课堂的活跃氛围。

4. 适当的暂停和休息

长时间的连续授课容易让学生疲劳和注意力下降，为了保持课堂的活跃度，教师需要适时安排间歇性的休息或活动，让学生放松身心，保持学习的积极性。

一个活跃的课堂节奏有助于创造一个积极的学习氛围，激发学生的学习热情和主动性。教师通过合理地控制和引导课堂的节奏，能够提高学生的学习效果，促进他们全面参与和成长。

二、如何保持活跃的课堂节奏

保持活跃的节奏是教师在教学过程中需要关注和努力实现的一个重要目标。在教学中保持活跃的节奏可以增加学生的参与度、提高学习效果。通过探究一些教学方法和策略，可以帮助教师们在教学中创造和维持一个生动活泼的学习环境、一个学生高度参与的课堂。

1. 灵活课堂语言保持节奏

苏霍姆林斯基认为："教师高度的语言修养，在极大程度上决定着学生在课堂上脑力劳动的效率。"作为教育的引领者，教师在课堂中起着至关重要的作用。而教师灵活运用语言，保持课堂活跃的节奏，则成为营造积极学习氛围和激发学生兴趣的关键。教师除了要精通教学内容，还应具备多样化的语言技巧，引导学生积极参与，促进学习的深入与巩固，更好地保持课堂活跃的节奏。

程翔老师在执教《雷雨》一课时，就通过课堂语言对课堂教学的活跃节奏进行了把控。

在分析鲁侍萍的形象的教学环节中，以难度、激情度为主导的课堂教学节奏在教师的语言调节下完成了一个由弱渐强的过程。首先，教师用简洁的语言提问，激发学生对人物性格的初步思考。

其次，当学生意识到鲁侍萍对周朴园既爱又恨的复杂的感情后，教师一扫之前的简明语言，转而用写意式语言来描述鲁侍萍的形象，以及她对于周朴园的感情。例如："侍萍是一个很善良的人。赶走梅姑娘倒不是周造成的，而是周的父母，周屈从了父母的主张。说经历是反衬梅姑娘曾经有那样一段美好的往事。那可是侍萍的初恋，也是周的初恋，而且两人有了爱情的结晶，对两个人来说都是刻骨铭心的！"这样，学生在教师抒情的语言带动下开始沉入文本对话人物内心，以难度和激情度为主的课堂教学节奏由弱渐强。

最后，教师继续推进难度、激情度节奏，利用丰沛抒情的语言将侍萍内心的自尊及对周朴园复杂的感情概括出来，以引领学生的思考，触动学生的情感。这样，在课堂语言的引领下，学生层层深入教材文本，思考人物内心，领会人物感情。这个过程中，以难度和激情度为主节奏的整体教学节奏表现出了"弱—渐强—强"的运动轨迹，课堂中的人物形象分析也层层深入。

2. 依据教材内容保持节奏

教材作为教学的基础和指导，是教师传授知识的重要工具。教材内容本身具有一定的节奏性，有重难点、轻重、主次的问题，教师需要善于根据教材内容灵活变化，使课堂的节奏与教学内容相吻合，既有起承转合，又有起伏波澜，以保持学生的学习动力和课堂的活跃节奏。

以《小珊迪》这篇课文为例，教师在教学设计时把"理解课文内容，学习小珊迪诚实、善良的美好性格品质"作为教学难点，但是在课堂上却有学生问道："为何小珊迪只是被马车压断了腿却死了呢？"因为在学生看来，腿被压断了并不一定会死。而该问题得到了不少同学的回应。

面对这样的问题，教师意识到学生在理解课文时只关注了其中的某个细节，却忽视了前后文的联系，且对于小珊迪所处的生活环境缺乏清晰的认识，对于小珊迪的悲惨遭遇没有深刻的体会。因此教师将该问题当成切入点，引导同学们继续思考。

"刚才同学提出的问题非常好，甚至让我也产生了一样的疑惑，以目前的医疗条件来看，当一个人被压断了腿，只要去医院接受治疗一般不会威胁到生命。但是小珊迪却因为被压断了腿去世了，这是为什么呢？让我们再一起来看看课文，结合前后文的内容，看能不能找到答案，有找到的同学请为我们解答一下。"

因为这个问题是学生自己发出的疑问，他们也很想知道答案，所以学起来特别认真，探讨也相当激烈。最后学生从外貌描写、家境情况、语言描写等方面找到了小珊迪困苦生活的证据，例如"他身上只穿着一件又薄又破的单衣，瘦瘦的小脸冻得发青，一双赤着的脚冻得通红""'一盒火柴只要一便士呀！'可怜的孩子请求着""他们俩是孤儿，父母早死了，可怜的珊迪躺在一张破床上"，就算小珊迪没有被马车撞倒，其也可能需要面临冻死或饿死的惨境，在如此寒冷的冬天，又冷又饿的小珊迪因为腿被马车压断，又无钱前往医院接受治疗，尽管这并非致命伤，但是却让他失去了生命。

整个课堂以沉重缓慢的节奏，让学生感受并体会小珊迪的悲惨遭遇。也让学生明白了，尽管小珊迪生活的环境如此恶劣，在贫穷、饥饿、伤痛面前，他依然诚实守信，这样的品质是多么的难能可贵。以此激起学生向小珊迪学习的愿望。

案例中，教师敏锐地抓住学生对于教学内容中的疑问点，娴熟应对，以之为切入点引导学生进行深入研究。在这个过程中，教师灵活调节教学节奏，达到与学生的互动"同步"，从而唤醒学生的思维节奏，心理共鸣在师生之间产生，有效地传递了教学信息。

3. 利用课堂提问保持节奏

课堂提问是教师引导学生思考和参与的重要手段，同时也是保持课堂活跃节奏的关键之一。教师巧妙运用提问技巧，能够激发学生的思维，促进他们对知识的理解和应用。通过精心设计的提问，教师能够引导学生思考问题的多个角度，并激发他们思维的活跃性。

李镇西老师在执教的《荷塘月色》一课时，在把握作者心绪的教学环节中，就是通过导问调节着教学的难度节奏。

首先，教师要求学生找出并分享打动自己的句子。这个问题很简单，难度节奏为弱。其次，在课堂交流中教师问学生《采莲曲》该不该删。这个问题对于多数学生而言比较难，因此这时教学的难度节奏为渐强。最后，当学生不敢发言的时候，教师采用逆向思维提问，再次提升课堂教学的难度节奏，如"我却认为，原来的教材删得对！"如此一语激起千层浪，学生思维一下子被点燃了，开始了激烈的谈论，难度节奏再次增强。

在这里，教师通过三次提问，由易到难逐次增强了课堂教学的难度节奏，引领学生一步步深入进行学习。

4. 创设情境保持活跃节奏

教师在教学过程中，通过创造与教学内容相关的真实场景或模拟情境，教师能够让学生更加身临其境地体验学习的过程，从而增强他们的学习动力和主动性，激发学生的学习热情，从而保持课堂的活跃节奏。

一位数学教师在讲授"指数函数"时，以一个故事来进行导入。

从前有一位国王，他喜欢上了一个游戏，这个游戏的名字叫作"象棋"，因此国王打算要表扬"象棋"的发明者。当发明者被宣召进宫后，国王告诉大家可以满足发明者一个愿望。发明者非常谦卑地告诉国王："陛下，我感到非常荣幸，我的愿望是希望您能够赏赐我几颗米。"国王非常惊讶："你就只需要几颗米？"发明者点头说"是"。但是他还说："请国王在棋盘第一格放 1 颗米；第二格是第一格摆放数量的两倍，放 2 颗米；第三格是第二格数量的两倍也就是放 4 颗米……以此类推，每一格所放的米是前一格的两倍，直到所有的格子都放上米即可，这就是我的愿望。"国王非常开心，说："这样便宜的代价可以获得这么好的游戏，真是太划算了！"于是国王要求侍者将棋盘拿过来，并让在场的人看自己如何满足发明者的愿望。

这个时候，教师中止了故事，并抛出问题："同学们，你们觉得国王能够兑现自己的诺言吗？国库中的米够不够摆满棋盘呢？"此时学生的情绪一下子紧张起来，并跟随教师的引导开始思考。教师继续说："国王要想实现发明者的愿望到底需要付出多少颗米呢？按照 100 颗米/克来计算，国王摆满棋盘大约需要 1844.67 亿吨。这个结果是怎样计算出来的呢？

通过巧妙而有趣的情境创设，教师能够调整课堂节奏，从轻松、舒缓逐渐转变为紧张、激昂的氛围。学生将他们的注意力完全聚焦在课堂上，专注于所学的内容。这种热烈的气氛为即将展开的关于"等比数列的求和公式"的课堂教学活动做了完美的铺垫。

5. 在学生注意力分散时调控节奏

课堂上，有时候学生的注意力会出现分散的情况，这对教师来说是一个常见的挑战。教师可以通过巧妙地调控课堂节奏来应对这种情况，通过灵活运用多种教学策略，如引入新的互动活动、改变讲述方式、使用多媒体资源等，能够重新吸引学生的注意力，并帮助他们重新聚焦于学习任务上，让课堂教学起伏有致，保持活跃节奏。

1. 上课开始 5 分钟调控节奏

在教学《哦，冬夜的灯光》一文时，一位语文教师先投影了一份新华社关于加拿大西部的天气报道，学生们马上被报道中如此寒冷、恶劣的天气牢牢吸引住了，然后教师将问题抛出"面对如此恶劣的天气状况，我们的第一反应是什么"的问题，学生大多反应"待在家里，哪里也不去"。教师接着导出新课："可是我们今天所学课文的主人公就要在这样的天气状况下出门，他为什么要出门呢？出门的路上又发生什么事情呢？带着这些问题，我们现在一同学习《哦，冬夜的灯光》。"这位语文教师运用直观导入法，很快集中了同学们的注意力，让同学们带着问题走进文本。

2. 课堂最后 5 分钟把控节奏

在教学《卖油翁》即将结束时，学生由于前面学习内容量较大、节奏紧张的缘故，都已经显得心不在焉了。教师就将教学节奏适当放慢，边总结本课学习，边引导学生拓展延伸——"课文通过描写一位卖油翁酌油本领高超的故事告诉我们'熟能生巧'的道理，想一想，我们生活中还有没有'熟能生巧'的例子？"学生很容易就会联想到自己的学习生活，于是，发言踊跃，各抒己见，"读书百遍，其义自见""熟读唐诗三百首，不会作诗也会吟""达·芬奇画蛋"等。学生在轻松、舒缓的气氛中集中了注意力，既巩固了文本的学习，又有了进一步的认识和提高。

在创造学生高度参与的课堂中，保持活跃的节奏是一项重要的任务。教师鼓励学生与课堂内容进行互动，激发他们的热情和动力，让他们在探索、实践和合作中不断成长，可以有效地激发学生的参与度，让课堂成为一个积极互动、充满乐趣和意义的学习场所。只有在积极参与的课堂中，学生才能真正展现他们的潜力和提高自身的能力。

主题 3

让学生获得成就感

在教育的过程中，让学生获得成就感是一个非常关键的目标。当学生感到自己取得了进步、克服了困难或取得了好的成绩时，他们会产生积极的情绪和自信心，从而更加投入和享受学习的过程。对于教师来说，创造一种环境和机会，让学生能够获得成就感，是一项重要的任务，这不仅可以帮助学生树立正确的学习态度和自信心，还可以激发他们的学习动力和进一步的探索欲望。

一、课堂成就感的概念

学生课堂成就感是指学生在课堂学习中所体验到的满足感和自豪感。它是学生在完成学习任务、取得进步或达成目标时所产生的一种积极情绪和自我肯定。学生课堂成就感的体验来源于他们对自己的学习成果与努力的认可和赞赏，主要包含以下几方面。

1. 学业表现

学业表现是指学生在课堂中取得良好的学习成绩、解答问题的准确性、完成任务的质量等方面的成就。这些成就可以是小的进步或者是更大的里程碑，如通过一次考试获得优异的分数或完成一项复杂的项目。

2. 参与与贡献

参与与贡献是指学生积极参与课堂活动、发表自己的观点、提出问题并与他人交流合作的成就。当学生感到他们的参与得到了认可和鼓励时，他们会产生更强的成就感。

3. 自我认知

自我认知是指学生对自己的学习能力和发展所产生的认知和成就感。当学生能够意识到自己在知识、技能和思维能力上的进步，并能够以积极的态度面对挑战和困难时，他们会增加对自己的自信和成就感。

学生课堂成就感的重要性在于它能够激发学生的学习动力和积极性，促使他们投入更多的努力和注意力来追求学习进步。当学生在课堂中经历到成就感时，他们将更有动力去面对挑战、克服困难，并相信自己能够获得成长和进步。教师在培养学生的课堂成就感方面扮演着重要的角色，通过提供适当的指导和支持，赋予学生合适的挑战，以及提供及时的反馈和认可，可以帮助学生增强他们的成就感，提高学习成效。

二、如何让学生获得成就感

成就感是指学生在学习过程中体验到的取得进展、克服困难和取得成功的愉悦感。它是学习动力的重要来源之一，能够激发学生的学习兴趣和积极性，促使他们更好地投入学习中。教育者要借助不同策略来帮助学生获得课堂成就感，进而提升他们的学习动力和学习效果。

1. 课堂教学内容梯度化

课堂教学内容是指让学生在适度的挑战下逐步积累和提升知识与技能。通过有序、分阶段地引导学生，教师能够确保学生在教学过程中稳步前进，从简单到复杂、从表面到深入的学习路径，让学生获得成就感，促进他们全面发展。

在学习减数分裂有关知识时，教师课前要求学生预习有丝分裂的有关知识，使学生对有丝分裂中各时期特征心中有数，在此基础上理解减数分裂过程的染色体变化特征就比较自然，如减数分裂中的复制过程与有丝分裂是相同的，结果也是一个染色体包含两个染色单体。接下来讲授"联会""四分体"等概念时学生容易接受。并且减数第二次分裂与有丝分裂的特征很相似，这有利于理解减数第二次分裂的染色体行为特征，也有利于比较有丝分裂与减数分裂的异同。在进行比较时，将有丝分裂与减数第一次分裂进行比较，再将减数第二次分裂与有丝分裂进行比较，进行图形辨认、绘图等能力训练，最后让学生填表比较有丝分裂与减数分裂的异同。通过这种梯度学习，学生学习新知识的过程比较轻松，使他们体验到成功的愉悦。

2. 课堂提问梯度化

在课堂提问梯度化中，教师可以根据学生的能力水平和学习目标，灵活地调整问题的难度。开始时，可以提出一些相对简单的问题，以帮助学生回顾和巩固基础知识。随着学生理解的程度加深，可以逐渐增加问题的复杂性和抽象度，让学生通过思考和探索深入理解知识，并能够运用知识解决实际问题。对于那些掌握较好的学生，提出更具挑战性的问题可以帮助他们进一步发展和扩展知识；而对于那些掌握较差的学生，提出相对简单的问题可以帮助他们建立起自信和学习动力。引导学生逐步构建知识体系，提高他们的学习效果和成就感。

3. 课后作业内容分层化

课后作业内容分层化是根据学生的学习水平和能力，将作业内容划分为不同层次的难度。通过分层化设计，教师能够满足不同学生的学习需求，促进他们在课后巩固和扩展知识，让每位学生都能够有效地参与和提高。对于那些熟练掌握知识的学生，可以提供更具挑战性的作业，以帮助他们拓展思维。而对于那些掌握较差或需要额外支持的学生，可以提供更简化或辅助性的作业，帮助他们夯实基础并逐步提高。

根据不同层次学生的学习能力，布置不同的课后作业，一般可分为三个层次：A层是基础性作业；B层以基础性为主，同时配有少量略有提高的题目；C层是基础性作业和有一定灵活、综合性的题目各半。

布置作业要精心安排，一般以学生在30分钟左右完成为宜。分层次布置作业要充分考虑到学生的能力，并由学生选择适应自己的作业题组，克服了"大一统"的做法，使每个学生的思维都处于"跳一跳，够得着"的境地，从而充分调动了学生的学习积极性，对A层的学生也没有过大的压力，可以减少抄袭作业的现象，减轻学生的课业负担，提高学生学习的兴趣。这样，不同层次的学生都能找到适合自己的作业，通过练习巩固课堂基础知识，有余力的可以完成较高层次的习题，这样使学生都能够完成任务，在批阅时只要认真对待并且完成任务就可以得到相应的评价，不要因为选 A 组作业的而评价低，这种做法能给学生以鼓励。并且如果有学生能很好地完成 A 组作业，教师可以批示"你可以试试 B 组题"。同样，对很好完成 B 组作业的学生也做类似的批示，这样使得每个学生都有成功的喜悦，享受成就感。

4. 课堂教学生活化

课堂教学生活化是通过将学习与实际生活相结合，让学生在课堂中获得实实在在的成就感和自豪感。通过采用生动有趣的教学方法、引入实际案例和情境，教师能够激发学生的学习兴趣和主动性，让他们在课堂中体验学习的成就感与乐趣。

在教学"元、角、分"时，可布置学生放学后先到超市购买生活必需品。在购买时预先算好自己买东西需要多少钱，算好后还要检查带的钱是否足够，再和售货员阿姨结算的结果进行核对，看是否相同。

学生第二天来上课时都绘声绘色地描述着自己购物的经历，并讲解元、角、分的知识，还能以此来说出常用物品的价格，所以这节课的知识使学生有了一定的成就感，也感受到生活中的数学无处不在。

在学习中，不同的学生都各有收获，或是知道了元、角、分的知识，或是更深层次地知道了生活中元、角、分的应用，并能估算出部分商品的价格。当学习了这部分知识后，我还设计了一个新的场景，让学生扮演买卖双方来进行交易，从而使学生更深地体会元、角、分的应用。在此基础上，我布置学生了解部分物品的价格，并在第二天举办了一个小小的拍卖活动。通过这样的教学，学生切身体会了身边的数学，并且亲身经历了整个学习过程，体验到学习数学的乐趣，体会到成功的喜悦。这使他们意识到数学并不都是枯燥的，数学也能令人赏心悦目。

5. 注重课堂参与

课堂参与获得成就感是激发学生在积极参与的过程中获得学习的成就感和满

足感。教师可以通过多种形式的参与活动，如小组讨论、角色扮演、问题解决和实验探究等，鼓励学生积极表达观点、提出问题和参与学习任务。通过提供丰富的参与机会、鼓励学生表达观点和提供及时的反馈，教师能够培养学生的主动学习意识和自信心，让他们体验学习的成就感和满足感。

在学习"大气压强"时，我们在讲授马德堡实验后，可以加入小活动：模拟马德堡半球实验——将两个吸盘式挂钩相互压紧，再将它们沿轴的方向拉开，让学生在活动中认识大气压强的威力。

然后让学生通过分组活动，利用注射器、弹簧测力计来估测大气压的数值：把注射器活塞推至底端，排尽筒内的空气，并用一个橡皮帽封住注射器的小孔；用细尼龙绳拴住注射器活塞的颈部，然后水平向右慢慢地拉动注射器筒。当活塞刚开始滑动时，记下弹簧测力计的示数 F；再利用刻度尺测出注射器的全部刻度长度 L，算出 $S=V/L$，最后带入压强公式算出大气压。

通过这样的活动参与，学生对于大气压的测量这个教学重点自然能够掌握得更好，他们获取的成就感不言而喻。

6. 从"最近发展区"出发

从"最近发展区"出发体验成就感是指根据学生当前的能力和知识水平，为他们制订个性化的学习计划和目标，提供适当的挑战和支持，让他们亲身体验到学习的成就感，也能够培养自主学习的能力、提高解决问题的能力及增强自信心。当学生实现自己设定的小目标时，他们会感到自己的进步和成就，进而激发出更大的学习热情和积极性。这种正向的循环将促使学生保持学习的势头，并逐步拓展能力范围，实现更高的学习目标。

在教学二年级统计这一部分知识时，当要记录连续喷出的烟花共有多少个时，学生不会用画"正"字的方法来记录，于是我们就可以让他们用自己喜欢的符号，如"√""×""○"等来表示。

当学生记录完了以后，教师告诉他们一共放了多少个烟花，并和自己的记录核对一下，对的学生会非常兴奋，因为他用自己的方法解决了教师提出的问题。如果在这时教师再适时地引导学生用画"正"字的方法来记录，学生会和自己的方法进行比较，将会更容易接受。因此，从学生可以接受，或从现有的知识出发来解决问题，将会更好地引发学生的共鸣，从而取得教学的成功。

通过让学生获得成就感，我们可以极大地促进他们在学习中的主动参与和积极投入。尽管每个学生的学习路程和成就感的来源各不相同，但作为教师，我们可以采取一系列的策略帮助他们实现个人的学习成就。当学生体验了自己在学习过程中的成就时，他们将更深刻地理解自己的潜力和能力。这不仅仅是在课堂上获得好成绩的过程，更是培养学生全面发展和应对未来挑战的关键。

专题七
创造与众不同的学习体验

　　创造与众不同的学习体验就是通过创新的教学手段和方法，助力学习变得更加有趣、有意义和有价值。这样的学习体验往往能够吸引学生的注意力，帮助他们主动参与课堂教学，而不再是被动地接受知识的灌输。丰富多样的学习体验可以培养学生的创造力、批判思维和协作能力，使他们在面对未来挑战时能够更加自信和有能力应对。

主题 1

和学生一起沉浸其中

在课堂上，学生的参与度在很大程度上决定了他们对学习的投入和学习成果的质量。而与学生一起沉浸其中，则是为了构建一种让学生充分融入学习过程、积极参与的环境与体验。这种沉浸式的学习方式不仅可以提高学生的学习动力和效果，而且能够激发他们的创造力、探索精神和自主学习能力。

一、学生沉浸课堂的表现

学生沉浸课堂指的是学生在学习过程中完全投入和专注于课堂活动，全神贯注地参与学习，与教师和学生之间形成紧密的互动。当学生沉浸在学习中时，其思维、情感和行为将完全融入其中，并进入一种深度的学习状态。这样的状态具有以下特征。

1. 高度专注

这是指学生全身心地投入学习，关注教师的讲解、与同学的互动、学习资源的探索及任务的完成，他们能够排除干扰，集中精力并持续保持专注。

2. 深度思考

这是指学生沉浸在课堂中展开深入的思考和探索，通过分析问题、提出假设、推理论证等方式，促进对知识和概念的深度理解，并能将其应用到实际情境中。

3. 积极参与

这是指学生积极参与课堂活动，主动提问、回答问题、发表自己的观点，与教师和同学进行讨论和合作，建立起积极的学习社区。

4．情感投入

这是指学生在沉浸式学习中经历到情感上的共鸣和认同，他们对学习内容产生兴趣和热情，体验学习的乐趣，同时体会成就感和自我满足感。

通过创造沉浸式的学习环境，教师可以激发学生的主动性和学习动机，推动他们更深入地探索和理解知识。为了实现学生的沉浸式学习，教师可以采用各种有效的教学策略，如启发式教学、任务驱动学习、合作学习等，以及利用多媒体和互动技术来增强学习体验。同样重要的是，教师还应关注学生的个体差异，提供适应性的支持和指导，确保每个学生都能够参与并从沉浸式学习中受益。

二、如何与学生一起沉浸课堂

和学生一起沉浸课堂，是指教师与学生共同投入学习中，创造出高度参与和互动的学习体验。要实现这一目标，需要教师与学生共同投入学习中，并采取相应的方法提高学生的参与度和学习体验。只有在这种积极、互动的学习环境中，学生才能更好地发展学习兴趣和能力，取得更好的学习成果。通过这样的沉浸式教学，学生将能够更深入地理解知识，培养批判性思维和解决问题的能力。

1．情境式沉浸

在情境式沉浸课堂中，学生们被带入一个仿真情境的学习环境中，他们不再只是被动地接受知识，而是通过身临其境的体验和参与，深度沉浸于学习的过程中。这种独特的教学方法打破了传统的课堂模式，为学生提供了更具创造性和全面发展的机会，能够在一个具有挑战性和探索性的环境中实践、体验和成长。

为了让学生更好地理解"看电影事件"对鲁迅先生的影响，某教师在执教《藤野先生》时，就创设了这样一个场景。

师：下面我将找一位同学扮演鲁迅，在场剩下的同学模拟其他学生"拍掌欢呼"喊万岁的场景。

众学生哄闹，拍掌，教室一片喧闹。

学生：（教室安静后）读课文"这种欢呼，是每看一遍都有的，但在我，这一声却听得特别刺耳……但在那时那地，我的意见却变化了"。

这一教学片段模拟了当时鲁迅先生在看纪录片时的真实情境，能够快速地由文及境，让读者走入真实情境中，与作者产生共情。这一教学片段教师在自己的课堂上采用过，在众学生的一片喧闹过后，留下的是安静，是扮演鲁迅那位学生铿锵有力的阅读，在这一静一闹中，学生对鲁迅在文章中所说的"但在那时那地，我的意见却变化了"有了更为确切的理解。在学生读完之后，教师适时地引导，让他们回想一下刚刚那片嘈杂的喧闹，如果落在每一个人头上，一个身在异乡没有同伴的人的身上，那么同学们，你们又会是怎样一种心情呢？学生各抒己见，对鲁迅当时的心境还原越来越深刻。通过情景还原，学生能够与作者共情，从而引导学生进入沉浸式阅读，获得深刻的情感体验。

2. 激励式沉浸

激励式沉浸课堂中，教师通过创造性的教学设计和激励性的学习环境，激发学生的学习兴趣和内在动力。这种激励式的学习方式旨在激发学生的好奇心和求知欲，培养他们的自主学习能力和持续进步的意识。

在"弘扬中华优秀传统文化与民族精神"的教学内容中，单纯地依靠教师讲授理论无法吸引学生参与学习活动，这个时候教师就可以介绍一些榜样的案例，如航天员和冬奥会运动员等，榜样的选择致力于学生身边的人物，贴近学生的现实生活，让学生看到新时代对中华民族精神的丰富与发展，无论是航天精神还是冬奥精神都是勤劳勇敢和自强不息的伟大民族精神的展现。

此外，教师也可以从感动中国中选择学生学习的榜样，向学生播放影片，激励学生，唤醒学生的沉浸意识，让学生在教师营造的沉浸式教学环境中深化对中华民族精神的理解与认识，明确新时代弘扬和培育民族精神的要求，感受中华民族精神之伟大，进而在社会生活中履行使命担当。

3. 触动感官沉浸

触动感官、展开想象、沉浸课堂，带领学生进入一个无限可能的学习世界，激发他们的想象力和创造力。在展开想象沉浸课堂中，学生将超越传统的学科边界，跳出常规的思维模式，大胆提出问题和观点，并通过想象力的引导，寻找各种创新的解决方案，这样的课堂鼓励学生自由思考、敢于冒险，将感受到学习的乐趣和探索的魅力。

在教学《当世界年纪还小的时候》时，课文写了世界之初太阳、月亮、水流学习本领的故事，课堂上的小组讨论环节是让孩子们展开想象，说说还有什么也在学习本领、它的故事又是怎样的。我把这个环节安排在操场上进行，让孩子们闭上眼睛想象自己就是心里所想的那个在世界之初的东西，是如何学习和变化的。

小泽和学习伙伴一起扮成大树，在阳光、微风、青草味中闭眼感受。之后，他和学习伙伴一起完成了如下的说话练习："我在阳光的照射下，拼命长高。我还慢慢长出了绿叶，大风吹过，我会发出'沙沙'的声音。我能闻到青草的香气，小草是我的好朋友。"大自然的声音、气味、感觉都帮助小泽能更为丰富地想象。

4. 探究式沉浸

在探究式沉浸课堂里，学生们将学会怀疑、思考和质疑，在教师的引导下，发现问题、提出假设、积极实践和分析数据，从而培养了科学探究精神和批判性思维能力。这种学习方式不仅培养了学生的问题解决能力和创新思维，还加深了他们对所学知识的理解和应用。

在一次三年级的"小电珠"这节课上，我一走进课堂，学生就迫不及待地要摆弄他们自己带来的那些实验材料了。就让他们去摆弄吧，我省去了介绍电线、小电珠及电池的构造，省去了说明实验目的，因为这些材料是他们日常早已熟悉的东西了，这些材料本身就不言而喻地包含着实验目的——怎样连接小电珠会发光？怎样做小电珠会亮？怎样做会使更多的小电珠一起发光……这正如美国科学教育专家兰本达上"蜗牛"一课那样，上课15分钟了，老师还没有说一句话。就让他们去观察吧，这是他们极乐于从事的事情，何必去干涉他们的研究呢？

学生自然而然地三五人一组地忙碌了起来，过了一阵，我看他们已做出许多种连接的方法来了，就说："能把你们的连接方法画出来吗？到时候好让其他同学向你们学习呢！"于是，又是一阵忙乱，他们快速地拿出纸和笔，用他们自己的图示方式一边做着实验，一边对照着记录。偶尔发现他们没画清楚的地方，我就做点提示。20多分钟过去了，该交流一下他们的研究了，怎样交流呢？还是用那种一个个坐好、由老师点名回答的讨论方式？实际上，在小组实验中，他们该说的都说了，该想到的也都尽全力了，这种外部的与内部的言语活动已经随之一起充分地展开了，怎样连接小电珠才会亮的问题已经不成问题，这么多正确的连接方法足以证明了。"请每一小组派一个同学到黑板上把你们的连接方法画出来，供大家学习！"

还是让他们自己画、自己去评判、自己去学习别人的方法吧。于是，他们争先恐后地跑到黑板前，有的组竟然一下子跑上去两个。不一会儿，满黑板都是他们的电路图了。他们沉浸在自己的研究成果里了。

下课了，我给他们这节课的表现打了100分，全班一下子欢呼起来！这是一种多美妙的感觉啊！我喜不自禁：这节课，我为孩子们留下了充分的探究时间和空间。我只是在一旁欣赏着这群忙碌的"小蚂蚁"工作的旁观者，在适当的时候，布置了一点任务，只起了一些促进他们进行学习活动的作用。这时我真正感受到了美国人本主义教育家罗杰斯之所以不把教师称为"教师"，而称为旁观者、促进者的理由了。

通过与学生一起沉浸其中的教学方法，我们可以创造出与众不同的学习体验。这种教学方式鼓励学生积极参与、深度思考和主动探索，使他们成为课堂的主导者和知识的创造者。与此同时，教师也成为学生的合作伙伴和指导者，引导他们在沉浸式学习的过程中发现潜能、培养技能和积累经验。通过和学生一同沉浸其中，教师能够激发他们的学习动力、培养他们的自信心，并为他们打开全新的学习视野。

主题 2

关注情感需求

在创造学生高度参与的课堂中，关注情感需求是一个至关重要的主题。学习不仅仅是知识的传授和技能的培养，也需要关注学生的情感和心理状态。通过关注情感需求，我们可以构建积极的情感氛围和人际关系，使学生感到安全、受到尊重和被理解。这样的学习环境将激发学生的积极性和学习动力，促进他们的情感发展和综合素养的提升。

一、认识学生的情感需求

学生的情感需求是指学生在学习环境中对情感关系和情感交流的需要。情感需求包括对情感支持、情感安全和情感联结的渴望。学生情感需求的满足对于促进学习、提升学业成就、培养社交技能和心理健康都起着重要的作用。

学生的情感需求的核心是建立良好的情感关系和情感联结。学生希望被认可、被尊重和被关心，他们需要感受师生之间的关爱和支持。在满足情感需求的学习环境中，学生可以表达自己的情感、分享自己的想法，并得到积极的回应和反馈。这种情感关系能够建立起师生之间的信任，培养学生的积极情绪、自信心和自尊心。学生的情感需求主要包括以下几个方面。

1. 归属感和认同需求

这是指学生希望在学习环境中有归属感，感受他们在班级或学校中的身份认同和群体归属。他们渴望被其他同学和教师接纳，并能够建立积极的人际关系。

2. 安全感需求

这是指学生需要在学习环境中感到安全和受到保护。他们希望这个环境是没有威胁的，没有欺凌、歧视或暴力行为的。学生需要有信任和依赖的人，必要时可以向他们寻求帮助和支持。

3. 关爱和支持需求

这是指学生希望得到师生和同伴的关爱和支持。他们需要感受到他人对他们的兴趣、关心和理解，以及在面临困难和挫折时给予他们积极的支持和鼓励。

4. 成就感和认可需求

这是指学生希望在学习中获得成就感和被认可。他们渴望被赞扬和肯定自己的努力和进步，这有助于提升他们的自信心和自尊心，并激发他们的学习积极性。

5. 自主性和自我决策需求

这是指学生需要有一定的自主性和自我决策的机会。他们希望能够在学习中有自主选择的权利，能够表达自己的想法和参与决策，这有助于培养他们的自主学习和问题解决能力。

6. 情感表达和倾诉需求

这是指学生需要有途径来表达自己的情感和倾诉内心的困扰。他们希望有人能够倾听和理解他们的情感，为他们提供安全的环境和适当的支持，以帮助他们应对挑战、管理情绪和增强心理健康。

二、多角度关注情感需求

认识学生的情感需求是关注学生的情感需求的首要步骤。只有对学生的情感需求有清晰的认识，我们才能更好地采取相应的方法来应对。关注学生情感需求的方法为我们提供了实际操作的指导，以确保我们能够切实地满足学生的情感需求。通过合适的方法和策略，我们可以建立支持性的学习环境，倾听学生的声音，提供情感支持，并帮助他们培养情绪管理能力。

1. 关注学生的尊重需求

每个学生都应该被尊重为一个独特的个体，其价值和尊严应得到充分的认可和尊重。而关注学生的尊重需求不仅体现了尊重他们作为学习者的权利，也有助于建立积极的师生关系，促进学生的学习动力和情感发展。

在教学《精彩的马戏》一课时，在分析学生的情况后，我把教学目标定为3个层次：①能够说出马戏的名称，动物是怎样表演的及观众的反应；②能够根据自己的体会表演出动物的动作、神态及观众的反应；③能够模仿课文练习写话。这三个教学目标的确定，充分考虑了各层次学生的"最近发展区"，让每个层次的学生都能选择适合自己的学习目标，从而满足他们被尊重的需要，这为创设平等的学习环境打下了基础。

教学《生命生命》一课时，我先让学生反复自主阅读文本，再让他们联系自己的生活经历，围绕"飞蛾求生""瓜苗破壳""倾听心跳"这3个小故事进行交流，谈谈自己对"生命"的感悟。我鼓励并尊重学生的个性理解，同时注意将他们对生命的认识引向更广阔的领域，从而提升他们的人生境界。这样的课堂，学生之间的情感交流增加了，学生的尊重需要也能得到满足。

2. 关注学生的认可需求

每个学生都渴望被认可和肯定自己的努力与进步。作为教育者，我们应该关注并满足学生的认可需求，为他们营造一个积极的学习环境，并及时给予赞扬和肯定。

在教二年级的时候，班里有一个调皮的学生，课堂上每时每刻都在搞小动作，屡教不改。不仅如此，他穿着邋遢，校服总是脏的。每次上课他都是令我最头疼的一个，上课没少给他脸色和批评，但他仍然我行我素。后来在跟班主任的交流中才知道，他父母离婚，父亲因为工作忙，很少管他。我意识到这是一个缺少爱的孩子，他的种种行为，或许就是无意识地想引起别人的注意，所以我开始给予他较多的关注。我发现这个学生喜欢音乐，动作的协调性也好。我私下跟他约定，让他上课的时候当我的小助手，表现好，每节课都可以得到一颗星星，他很高兴地接受了这个约定。上课开始，他就端端正正地坐好，我趁势当着全班的同学表扬了他，看着他乐滋滋的样子，我心里也就踏实了。在学习歌曲时，我邀请他跟我做游戏，他的表现也越来越好，每次我都给予他赞许的眼神。上课结束时，我当着所有的同学给予他一颗小星星，这意味着他是这节课表现最好的，在其他同学羡慕的眼光中，我看到了他眼中的自豪。通过这件事，我感悟了很多。教师赞许的眼神，一个微笑或首肯，都会给孩子巨大的鼓励。赞赏是对他人的一种鼓励和肯定，孩子对赞赏尤其渴望。

3. 关注学生的情感表达需求

关注学生的情感表达需求是培养健康情绪和社交能力的关键。每个学生都有情感和情绪需要得到理解、接纳和表达的权利。作为教育者，我们应该关注并积极满足学生的情感表达需求，提供一个安全、支持和包容的环境，鼓励他们主动表达情感、分享心声，并有效和建设性地处理情绪。

以游戏的形式开始，教师带领学生通过游戏"天气变变变"拉近了与孩子们的距离，把大家带入了轻松愉快的交流氛围之中。通过学生身边一个个鲜活的事例，向学生讲述了什么样的情感属于正常的、合理的，什么样的情况超出了正常的范围，是应该加以调控的。不良情绪如果占了上风，将会影响自己学习的生活质量，甚至会造成违纪犯法。直观的视频让孩子们明白了生命的来之不易，自己就是最棒、最优秀的那一个。课上，教师告诉大家："我很重要，我的生命就是奇迹……"当遇到困难，要学会表达情绪，面对困难，应有优秀的判断和分析能力，不能用"武力"解决问题。

这次课程不仅为学生树立了正确的生活观念，使他们懂得了"成长的烦恼是不可避免的"的积极情绪认知，掌握了一些调节情绪的有效方法，提高了学生的情绪品质；同时更让孩子们的心灵不再孤单，体验到与人沟通、交流、合作的快乐，促进孩子们的心理健康成长！

4. 关注学生的归属感需求

关注学生的归属感需求是促进学生身心健康和学校氛围积极向上的关键因素之一。每个学生都渴望在学校和社交环境中被接纳、被理解，并与他人建立紧密的联系。因此，作为教育者，我们应该关注并积极满足学生的归属感需求。

学习古诗《题西林壁》时我是这样做的：把古诗读完之后，我对苏东坡做了生动的介绍，可是二年级的学生对这位宋代大文学家似乎兴趣不是很大。我突然灵机一动：何不把古诗和现代生活实际结合起来？于是我就抓住了这首诗的最后两句："不识庐山真面目，只缘身在此山中。"这也是传唱千百年的哲理名句。我提出了一个问题："谁能联系实际谈一下这两句诗的含义？"顿时，孩子们陷入了思考之中。

突然有个学生举手："老师，我们站在地球上，却不知道地球是圆的，可是宇航员叔叔在太空中就能清楚地看到地球是圆的，这就是我们身在地球却不知道它的形状的道理。"他的这一番发言竟然引起了一片掌声。我接着鼓励其他孩子也发挥想象。有个孩子又说："老师，我们脸上长什么样子平时我们不知道，只有问别人或者照镜子才知道。"说到这里，孩子们好像受到了启发，接着有个孩子谈道："老师，平时你说我的坐姿不端正，我还以为你总是爱批评我，现在我明白了，原来是我自己感觉不到啊！"我心里大为震动：一句古诗竟然能帮我解释平时我对孩子们的批评。这时班长封苏夏说："老师、同学们，平时，我们有一些不好的习惯，甚至有些思想上的坏毛病，因为我们习以为常了，所以感觉不到，这就需要老师、同学或者家长提醒，以后我们要虚心接受才行。"顿时，整个课堂成了每个孩子展现的舞台，每个孩子都成了课堂的主人，归属感十足。最后我语重心长地说："孩子们，其实'庐山'的面目并不是单一的，如果从不同的角度看，是不同的，关键是我们用什么好办法去正确认识它。就像评价一个人甚至是评价自己，要全面考虑，最好听取一下别人的合理建议，我想那样会更准确些。"

不知不觉，诵读课就要结束了，孩子们的讨论还在继续。孩子们一起朗诵起来："横看成岭侧成峰，远近高低各不同。不识庐山真面目，只缘身在此山中。"多么有气势！手势、语气、情绪都到位了。

这节诵读课，我没让孩子们把古诗机械地背诵，而是把现实生活与古诗意境充分地结合了起来，创设了一种生活情境。我相信，他们一定把它记到心里去了，因为每个孩子都参与了学习，都懂得了"如何识得庐山真面目"。

5．关注学生的自主性需求

关注学生的自主性需求是培养独立思考和主动学习能力的重要方面。每个学生都有独特的个性和兴趣，希望能够自主决策、探索自己的学习路径，并参与到学习过程中。作为教育者，我们应该关注并积极满足学生的自主性需求，为他们提供一个灵活、开放的学习环境，激发他们的创造力和动力。

在教学完轴对称图形后，进行剪纸实践活动课，一位教师在教学时，首先出示了自己设计的一个轴对称图形：4位手拉手的小朋友，让学生讨论。

（1）剪这串小纸人选择什么形状的纸比较合适？

（2）纸打算怎样折？

（3）折好后怎样画图形？

（4）怎样剪才能使小人全部一样而且手拉手呢？

学生通过自己的讨论，掌握了基本的方法，于是便去折一折、画一画、剪一剪。开始，成功的学生并不多，教师并没有心急，而是鼓励学生向其周围的学生学习。通过自己的努力，成功的人越来越多，快乐的脸上洋溢着成功的喜悦。在后面的自由创作中，学生更是信心十足，创作出许多具有观赏价值的轴对称图形。在这节数学课上，教师充分发挥学生的主动性、积极性与创造性，让学生去亲身体验探索知识、发现规律；更重要的是，在课堂上，教师让学生感受了成功的快乐，这无疑是对学生自信心的提高有着很大帮助，使他们有信心能学好数学。

通过关注学生的情感需求，我们可以创造与众不同的学习体验，使课堂变得更加有意义和富有情感共鸣。当我们关注学生的情感需求时，我们不仅是在为他们提供一个良好的学习环境，更是在帮助他们建立情感纽带，培养情商和社交技能。这种关注不仅对学生的学习过程有积极影响，也对他们的个人发展和心理健康产生深远的影响。通过创造满足学生情感需求的学习环境，我们能够激发他们的内在动机，增强其自信心，并培养出有情感智慧的学习者。

主题 3

将课堂游戏化

将课堂游戏化是一种创新的教学方法，旨在激发学生的兴趣和积极参与，打破传统教育的框架，创造与众不同的学习体验。通过将学习过程变成一场有趣的游戏，学生们不仅能够在玩耍中取得乐趣，还能够在互动和竞争中获得知识和技能的提升。这种游戏化的教学方法不仅使学生更加投入课堂，还能够培养他们的团队合作、问题解决和创造力等综合能力。

一、什么是课堂游戏化

课堂游戏化是通过将游戏元素引入课堂，将学习过程转化为一种有趣且参与度高的体验。它可以包括使用游戏规则、竞争和奖励机制，以及角色扮演、任务挑战等元素，以提高学生的主动参与和学习效果。课堂游戏化的目标是激发学生的兴趣、提升学习动力，同时培养学生的创造力、合作能力和问题解决能力。通过游戏化的教学，学生可以在一个积极、互动和富有挑战性的环境中积累知识、解决问题，并享受学习的乐趣。这种教学方法不仅可以提高学生的学习效果，还能够培养出具有综合能力和创新思维的学习者，促进他们的全面发展。将课堂游戏化，需要注意以下几个方面。

1. 游戏与学习目标的结合

要确保游戏化的活动与学习目标紧密结合，使学生通过参与游戏来掌握和应用所需的知识与技能。游戏化应该是学习的手段，而不是单纯的娱乐。

2. 游戏规则的明确性

要确保游戏规则明确、简单易懂，使学生清楚游戏的目标、规则和奖惩机制。清晰的规则可以帮助学生理解游戏的要求，使其更好地参与其中。

3. 学生的参与程度

要关注学生的参与度，确保每个学生都有机会参与游戏化的活动。鼓励合作与竞争，创造一个包容性的环境，让每个学生都感到被重视和鼓励。

4. 奖励与反馈机制

要设立适当的奖励和反馈机制，激发学生的积极性和奋斗欲望。可以提供团队和个人奖励，根据学生的表现给予及时的反馈和认可。

5. 考虑学生的差异性

不同学生有不同的学习兴趣和需求，因此在设计游戏化的活动时，应考虑到学生的差异性，提供多样化的任务和挑战，满足不同学生的需求和能力。

6. 教师的角色与引导

游戏化并不意味着完全替代传统的教师角色，教师仍然扮演着指导和支持学生的角色。教师需要在游戏化的环境中提供适当的引导、解释和反思，帮助学生把握学习的要点。

二、如何将课堂游戏化

课堂游戏化是指将游戏元素引入课堂，以提高学生的主动参与和学习效果。

创造学生高度参与的课堂

通过探究实施游戏化教学的方法和策略，教师可以更好地应用游戏化教学，为学生创造一个有趣、互动和引人入胜的学习环境。

1. 教学内容游戏化

教学内容游戏化是将游戏元素和机制融入教学内容中，以提升学生的学习体验和参与度。通过将学习过程转化为有趣且具有挑战性的游戏，教学内容游戏化既能使学习过程更加有趣，又能增强学生对所学知识的理解和应用能力。

模拟游戏能够将抽象的学习内容具体化，如解谜、探索、挑战、任务、角色扮演等。例如初中物理第三章第五节"光的反射"，一般的教学方式是教师使用激光笔、平面镜和白纸，让学生观察光经过镜面反射的光线路径，理解光的反射原理。在游戏化教学中，教师可以引入"奇妙的反射镜"电子游戏。游戏设置了不同的关卡，学生需要在不同位置上放置平面镜让光线进行一系列的反射，最终穿过目标点进行闯关。学生在游戏中操作平面镜后直接看到入射光线和反射光线的路线变化，光的反射定理就直观、易懂了。

辅助学生理解课程内容的体验游戏，主要是根据课程内容设计与学生生活密切相关的游戏，让学生通过对比游戏和课程的相关内容，更深入地理解知识。例如，在初中物理"长度和时间的测量"中，为了让学生体验时间的测量方法，教师可以让学生根据自己的"心跳"估测1分钟的时长，估测的准确度越高，小组得到的分数就越多。

2. 教学活动游戏化

教学活动游戏化是一种充满活力和创意的教学方法，是将课堂活动设计成具有挑战性、互动性和娱乐性的形式。通过引入竞赛、奖励等游戏元素，教学活动游戏化能够激发学生的学习兴趣和参与度，提高他们的学习动力和积极性。下面是初中物理"声现象"复习课的教学案例。

首先，师生明确"声现象"复习课的任务，包括理解声音的产生与传播、声音的特性，了解噪声及其控制，知道人耳听不到的声音。然后，在课堂上，学生可以分成几个小组，每个小组起一个响亮的称号进行游戏闯关。

第一个任务：理解声音的产生与传播、声音的特性。教师提出要求，让学生利用手边的器材设计实验来展示我们所学的知识。各小组讨论实验方案，以合作学习的方式确定实验方案。教师指导学生利用提供的实验器材和身边的物体进行实验。每个小组完成全部 3 个实验，每个实验由两名学生完成，其中一名学生讲解实验现象和结论，两名学生相互配合完成实验小结。完成一个实验并总结出结论的小组得 1 分，在该环节得分最多的小组获得一枚"实验王"证章（徽章）。

第二个任务：了解噪声及其控制。教师让每个小组进行讨论，总结出减弱噪声的途径，并举例说明，然后教师随机抽取每个小组的一名学生提问。教师根据学生回答的正确性、完整性进行综合评分。在该环节胜出的小组获得一枚"答题王"证章（徽章）。

第三个任务：知道人耳听不到的声音。教师给出超声波和次声波应用的图片，并提出问题，学生抢答，抢答并回答正确者获得一定的积分。在该环节得到积分最多的小组获得"抢答王"证章（徽章）。最后，根据各个小组在 3 个任务中的累计积分，教师评出本节课的最佳小组，授予"第一章"声现象"学习王"证章（徽章）。

3. 虚拟情境游戏化

近年来，虚拟现实（VR）技术的迅猛发展为教育领域带来了全新的可能性。特别是结合课堂游戏化的理念，创建了一种引人入胜且充满互动性的学习体验——VR 虚拟情境课堂游戏化。这种创新的教学方法以 VR 技术为基础，将学生置身于虚拟的情境中，从而激发他们的学习兴趣和参与度。通过身临其境的感受和互动式的学习活动，学生们能够全身心投入学习过程，切实体验并应用所学的知识和技能。

在高中思想政治课的教学中，选择适宜的 VR 资源或者 VR 设备，借助于一定的教学策略完成思想政治课的教学。

在普通高中教科书必修一《中国特色社会主义》第一课其中的"原始社会的解体和阶级社会的演进"中，在教学导入部分就可以通过选用暴风墨镜（移动端头戴式显示设备），将搜集到的有关"人类文明发展史"的 VR 资源下载到手机，放到 VR 设备让学生进行观看，通过 VR 设备的视角依次展现从原始社会、奴隶社会、封建社会、资本主义社会到社会主义社会的发展史，身临其境般地感受每个社会阶段的生产力发展水平状况，对人类的文明发展进程产生沉浸式体验，激发学生的情感共鸣。尤其是在真真切切地看到了资本主义社会下的两极分化、贫富差距过大及贫苦的劳动者被剥削剩余价值等现象后，认识并认同社会历史发展的客观趋势，坚定"四个自信"，树立共产主义远大理想和中国特色社会主义思想，即同时完成了对学生政治认同学科核心素养的培育。

如此一来，教学内容以一种三维的方式进行呈现，能够给学生带来沉浸式的体验，让高中思想政治课的教学内容变得鲜活起来，进而完成对学生社会主义核心价值观的培育和思想政治学科核心素养的提升。

4. 表演型课堂游戏化

表演型课堂游戏化是将表演和游戏元素巧妙地融入课堂，将传统的课堂变成一个充满戏剧性和互动性的场景，通过角色扮演、情景演绎等方式激发学生的学习热情和表达能力。

在表演型课堂游戏化中，学生们成为课堂中的演员和创作者。他们可以扮演各种角色，通过模拟情境和角色的互动来学习和表达。通过扮演历史人物、科学家、文学人物等角色，学生们能够更加深入地理解历史事件、科学原理和文学作品背后的思想和情感，培养勇于表达和展示自己的能力。

历史剧《新文化运动》

【主要角色】陈独秀、李大钊、胡适、鲁迅（由4名男生担任）；甲、乙青年各一（男、女同学各一饰）；画外音（一女生朗诵）；参加聚会的青年朋友（全体同学饰）

【开场白】（教师）同学们，今天这节课，我们要举行一个别开生面的座谈会。座谈会的主题就是"新文化运动"。为此，老师特意给同学们请来了几位最尊贵的客人。让我们以热烈的掌声欢迎他们的光临。

【幕启】

（扮演陈独秀、李大钊、胡适、鲁迅的4位同学上场，全体同学鼓掌欢迎）

陈、李、胡、鲁：（站成一排，面向全体同学，以手抚胸，鞠躬施礼）各位青年朋友，大家好！

陈独秀：（上前一步，作揖）不才陈独秀，虽然鄙人是清朝的秀才，但是鄙人并不迂腐，杂志《新青年》便是不才所创，还请诸位指正。

李大钊：伴随着俄国十月革命一声炮响，标志着布尔什维克主义的胜利，这是俄国平民的胜利，未来赤旗也必将插遍全球，这就是中国的未来。我是李大钊，只是一名纯粹的布尔什维克。

胡适：我胡适反对李大钊的说法。中国谈"主义"的太多，不如少讨论一些"主义"，多研究一些实际问题。我这里千言万语，只是要教人一个不受人惑的方法。被孔丘、朱熹牵着鼻子走，固然不算高明；被马克思、列宁、斯大林牵着鼻子走，也算不得好汉。我自己决不想牵着谁的鼻子走。我只希望尽我的微薄的能力，教我的少年朋友们学一点防身的本领，努力做一个不受人惑的人。

鲁迅：我鲁迅对于在座各位的所有说法皆不大赞同。中国最根本的是思想的落后与愚昧，大家都知道我弃医从文，因为学医救不了中国人，救活的仅仅是一具具陈腐的行尸走肉。要救中国，要救的不是国人的命，更紧要的是救国人的思想，要将他们重新医成活人。

（旁白：刚一出场，各位大家火药味十足，针锋相对，让我们一起欣赏他们的辩论吧！）

陈独秀：今天，在我们面前坐了这么多热心新文化运动的青年朋友，我想请他们一起来讨论关于新文化运动到底是怎样发生的，怎么样？（面向其他三位）

李、胡、鲁：好！

陈独秀：（站起来，面向全体同学，拱手作礼）各位同道，（双手摊开）新文化运动并非我们这些文人卖弄，实乃迫不得已。袁世凯窃取大总统之位，现在又重新掀起尊孔复古的逆流，康有为更是为其张目。鄙人曾经虽也饱读儒门经书，但也不愿为袁世凯、孔教驱使！（坐下）

鲁迅：（站起身，面向全体同学）各位青年朋友，中国五千年写的是仁义礼智信、天地君亲师，仔细看这些字下面其实全都是吃人，全是人血馒头，历史更是一部帝王将相史。我们就是要打倒孔家店，让那些愚昧的中国人重新睁开眼，让中国人能够摆脱落后的面孔，不再为世界所耻笑。

陈独秀：（站起身来，高举拳头）对，这也正是我们新文化运动的目的。要想不再受孔教的控制，我们就需要"赛先生"，"赛先生"就是科学，让吾民摆脱迷信。要想不再被帝王将相摆弄，我们就需要"德先生"，"德先生"就是民主，让吾民自我做主。

胡适：（面向李大钊）守常兄，要从根本上改造中国的国民性，仲甫兄说，"我们现在认定只有'民主'和'科学'这两位先生，可以救治中国政治上、道德上、学术上、思想上一切的黑暗"。您还有什么新的见解？

李大钊：我最近发表了一篇《孔子与宪法》的文章。要我说，"孔子是历代帝王专制之护符"，袁世凯将孔教载入宪法，更是"专制复活之先声"。他的想法早已是司马昭之心——路人皆知。"中华民国"早已将两千年的皇权王朝推翻。袁世凯最近搅风搅雨，逆历史之潮流，违人民之愿望。袁世凯必为我国民所唾弃。

胡适：我赞同守常兄的这一观点。不过我刚刚发表了一篇文章叫《文学改良刍议》。用新文学代替旧文学，用白话文代替文言文。另外，为了推动新文学的大力发展，我很快将推出我的第一部白话诗集《尝试集》。

李大钊：适之先生为了新文学的发展做出了很大的努力啊！

胡适：您过奖了，守常兄。

鲁迅：适之兄，恕我直言，你的主张，好倒是好，但是改良色彩未免太重了点儿。我最近写了一篇《狂人日记》的白话小说，我创作的本意是借狂人之口，控诉几千年封建专制统治的历史，用"吃人"二字全可概括，号召人们起来推翻那黑漆漆的"吃人"社会。

李大钊：不错！我看了这篇小说。这是树人兄创作的第一篇白话小说。这篇小说把反封建的革命内容，同新文学形式结合起来，这简直就是新文学的典范，哈哈……各位朋友，我建议未看过这篇小说的赶快看一看。

陈独秀：各位同道朋友，现在，俄国工人阶级发动的十月社会主义革命已经取得了胜利，这对我们中国的革命和新文化运动来说真是新世纪的曙光，我们要抓住这一大好时机，宣传十月革命、宣传社会主义，大力促进我们新文化运动的发展，大家以为如何？

李大钊：哈哈，我正在撰写宣传俄国社会主义革命胜利的文章《庶民的胜利》，我还要写一篇《布尔什维主义的胜利》。这两篇论文是姊妹篇。我要高声颂扬十月革命，大力宣传十月革命。（激动得站起身，来回踱步）我要说（高声朗诵）"试看将来的环球，必是赤旗的世界"！

（陈独秀，鲁迅也站起身）

陈独秀：听说大钊先生要在北京创办革命刊物《每周评论》，这真是好极了！算我一份。这样我们南有《新青年》，北有《每周评论》，南北呼应，东西辐射，不仅扩大了对马克思主义的宣传，而且一定会鼓动更多中国的先进分子用马克思主义作为精神武器，教育和组织人民，将中国革命推进到一个新时期。（紧握李大钊的手）

鲁迅：（上前一步，搭右手于陈、李二人握着的手上）愿我们能够如愿以偿地完成时代赋予我们的重大历史使命！

胡适：对，还有我们的文学革命！

（定型）

（全体同学热烈鼓掌）

【画外音】（一女生高声地有感情地朗诵）中国新文化运动有着深远的历史意义。首先，它是我国历史上一次空前的思想大解放运动；其次，它启发着人们追求民主和科学，探索救国救民的真理，为马克思主义在中国的传播创造了条件。这些学者文人一直坚持着"救国救民"的理念，用"新文化运动"作武器，勇敢无畏地刺向封建礼教。

——剧终

将课堂游戏化能够为学生创造一个与众不同的学习体验，激发他们的学习兴趣和参与度。通过引入游戏元素和策略，学生们能够以主动者的身份参与学习过程，通过角色扮演、情景模拟和互动合作来探索知识和解决问题。这种创新的教学方法不仅提供了娱乐性的学习环境，还培养了学生的合作精神、创造力和解决问题的能力。教师打破传统的教学模式，激发学生的学习动力，提高学生的学习效果，为学生带来了全新的学习方式，为他们打开了一扇通向创造性思维和全面发展的大门。在一个将学习变得有趣、丰富而又充满挑战性的学习环境中，学生们能够发掘自身潜力，培养学习的兴趣和乐趣。

后　记

在编写本书的过程中，编者借鉴和参考了国内外一些知名专家的著作和研究成果，引用了一些教师的案例和文章，在此向所有专家、教师致以衷心的感谢！受沟通渠道所限，我们未能与所有作者都取得联系。敬请相关作者与我们联系，电子邮箱：taolishuxi@126. com。

编　者